李学勤　罗哲文　俞伟超　曾宪通　彭卿云

# 秦汉交替的时代

李　默／主编

中华文明是人类历史上最伟大的文明之一，是人类文明发展的主要构成。中华文明丰富、深刻、辉煌、博大，在人类文明中的骨干作用和领导作用人所共知。在人类文明的发源时期，中华文明就是四大古文明之一，是地球上文化的策源地之一。

广东旅游出版社
GUANGDONG TRAVEL & TOURISM PRESS
悦读书·悦旅行·悦享人生

中国·广州

**图书在版编目（CIP）数据**

秦汉交替的时代 / 李默主编 . — 广州：广东旅游
出版社，2013.1（2024.8 重印）
　ISBN 978-7-80766-416-1

　Ⅰ . ①秦… Ⅱ . ①李… Ⅲ . ①中国历史—秦汉时代—
通俗读物 Ⅳ . ① K232.09

中国版本图书馆 CIP 数据核字 (2012) 第 257547 号

出 版 人：刘志松
总 策 划：李　默
责任编辑：张晶晶　黎　娜
装帧设计：盛世书香工作室　腾飞文化
责任校对：李瑞苑
责任技编：冼志良

**秦汉交替的时代**
QIN HAN JIAO TI DE SHI DAI

**广东旅游出版社出版发行**
（广东省广州市荔湾区沙面北街 71 号首、二层）
邮编：510130
电话：020-87347732（总编室） 020-87348887（销售热线）
投稿邮箱：2026542779@qq.com
印刷：三河市嵩川印刷有限公司
　　　（河北省廊坊市三河市杨庄镇肖庄子村）
开本：650×920mm　16 开
字数：105 千字
印张：10
版次：2013 年 1 月第 1 版
印次：2024 年 8 月第 3 次印刷
定价：45.80 元

# 出版者识

　　《话说中华文明》是一部全景式图文并茂记录中国文明历史的大书。出版者穷数年之力，会集各方力量——专家、学者、编辑、学术顾问们，在浩如烟海的历史档案、资料、著作中，探珍问宝，追寻中华文明在悠悠历史长河中的灿烂之光。此书的出版，凝聚了编撰者的心血，学术顾问们的智慧。尤其是李学勤先生，亲自动笔写下了序言，更增加了本书沉甸甸的分量。

　　中华文明的历史充满了辉煌与苦难，成就和挫折。它的历史无处不在，决定着我们中国人今天的思想和感情。当今的中国和中国人是中华文明的历史造就的，是中华文明的历史的延伸，也是它的一个组成部分，中华文明的历史之河奔流到现在。

　　中华文明是人类历史上最伟大的文明之一，是人类文明发展的主要构成。中华文明丰富、深刻、辉煌、博大，在人类文明中的骨干作用和领导作用人所共知。在人类文明的发源时期，中华文明就是四大古文明之一，是地球上文化的策源地之一。在人类文明的早期，中华文明成为文明在东方的支柱，公元前后200年间，人类的汉帝国与罗马帝国这两只铁手攥住了地球。在欧洲进入中世纪的时候，中华文明更成为人类文明最主要的领导，它的文明统治东亚，传遍世界。进入近代，中华文明处于自身的重压和西方的欺凌下，但中国人民的斗争史和奋起精神是人类文明历史中不可缺少的一页。

　　五千年的中华文明为人类贡献出了从思想家孔子到科学技术的四大发明、从唐诗宋词到长城运河的伟大创造，贡献出了从诸子百家到宋明理学、从商周铜器到明清文学的深刻内涵，也贡献出了从五霸七强到三国纷争、从文景之治到十大武功的辉煌历史。中华文明的历史绚烂多彩，在人类文明的历史长河中永放光芒。

　　中华文明也是人类历史上最独特的文明，没有哪一个文明像中华文明这样持久，这样统一一致。世界上其他文明不但互相交错，其创造者也都与高加索体质的人种有关，它们是姐妹文明。在人类历史中，只有中华文明才是独特的，它的创造者是中国土地上的中国人民，与其他任何地方的人民都没有关系，它的文化是统一一致的文化，可以不依赖于其他任何文明而生存，但中华文明也绝不是封闭的，它接受他人的文化，也承担自己对于人类的责任。

　　人类进入新世纪，中国的社会经济发展令世人瞩目。人们对于世界未来的政治和经济结构的估计无不以东亚和太平洋为中心，而尤以中国为重点。

　　经济起飞只是当代中国的一个方面，中国的精神文明的建设尤为刻不容缓。如果中国要自觉地发展中华文明，要有意识地使中国的发展具有世界意义，就必须发展强有力的精神文化，这样才能使中华文明的发展进入一个新的阶段，才能形成中国和中华文明的全面现代化。

而中国的精神文化的发展植根于中华文明的伟大传统之中。进入近代之后，在西方文化的冲击下，对于中国文化的价值产生大量的情绪化和激烈冲突的论调。"五四"运动打倒孔家店的口号具有冲破封建束缚的时代意义，对中国文化的发展有不容否认的正面意义，与文化虚无主义是完全不同的。文化虚无主义者否定中国传统文化，在现代化的旗帜下主张全盘西化；而复古主义则沉迷于中国文化的古董，走进反进步、反科学的泥潭。

历史的发展则超越了所有这些论点，产生这些论调的一百多年来的中国近代史已经结束。历史要求中国发展，要求中国走在全世界发展的前列。西化论和复古论都已过时，历史已经要求世界超越西方，中国可以承担起世界的命运，而中国的现实和世界的历史都说明，中国的使命在于它的发展前进，而非倒退。

中华文明走出迷惘的时代，我们这一代处在一个伟大而具有挑战的历史阶段。

总结历史、展望未来，这就是《话说中华文明》的意义和使命。我们创作《话说中华文明》，力求总结和回顾中华文明的全貌，在内容和形式上都开创一个新的局面。在内容结构上，既具有一定的深度，又具有相当的广博性，既有严谨、准确的学术价值，又有活泼、流畅的可读性。本丛书容纳了中华文明的各个方面，使它综合了大规模学术著作的系统性、严密性，和普及读物的全面性、简易性，它既可作为大型工具书检索中华文明的各个成分，又可作为通俗的读物进行浏览。

我们从上世纪 90 年代初起就开始思考中华文明的历史和现实问题，并逐渐形成了编著《话说中华文明》的设想。在开展这项庞大的文化工程之始，我们就聘请了国内权威学者李学勤、罗哲文、俞伟超、曾宪通、彭卿云诸先生担任学术顾问，他们对计划作了充分讨论，并审阅了大量初稿。我们聘请了广州、香港地区的社会科学学者、大学教师、研究生以及我社编辑人员几十人担任稿件的撰写工作。

通过创作这部书，我们深深地感受到了中华文明的博大精深，也感受到了它的内在缺陷。中华文明具有辉煌的时期，也有苦难的年代，有它灿烂的成就，也有其不足的方面。中华文明在自身中能够吸取充分的经验和教训，就能够使自身健康壮大，成长发展。

通过创作这部书，我们也深深感受到了出版事业的使命和重任。我们希望这部书能受到广大读者的喜爱，起到它所应当起的作用。为中华文明的反省、前进和奋起作一点贡献。

# 目 录

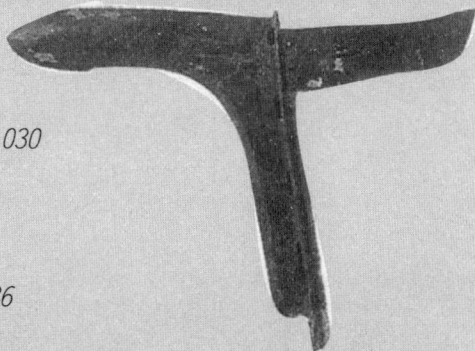

秦汉交替的时代

## 西汉

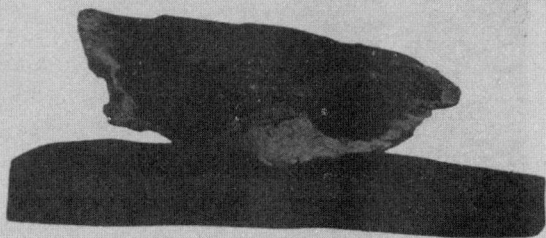

秦汉交替的时代

# 秦朝

秦汉交替的时代

`221 ~ 220B.C.`

# 秦朝

221B.C. 秦始皇帝二十六年，秦兵入临淄，俘齐王田建，齐亡。秦王嬴政以统一之业成，更号为皇帝，自号始皇帝。以全国为三十六郡，郡置守、尉、监；废分封诸侯之制。划一度量衡制度。秦灭六国过程中，每破一国，即在秦都咸阳附近仿造该国宫室。至此在雍门（今陕西凤翔东南）以东、咸阳以西，泾、渭之间建成规模宏伟的宫殿建筑群。

约成书于是年或此后不久的《苍颉篇》（包括李斯著《苍颉》七章，赵高著《爰历》六章，胡毋敬著《博学》七章），当是秦初推广统一文字——秦小篆的规范性文字书。

秦在雍建四畤，分祠青、黄、赤、白四上帝，三年一郊。

秦代庙堂乐舞继承先代精华，奠定两汉规模，主要有采自齐国的《韶乐》改周舞《大武》名为《五行》，《房中乐》为《寿人》；改编周舞《武德》为《昭容乐》，《文始》为《礼容乐》；制定了《嘉至》、《永至》、《登歌》、《休成》等自成系列的"宗庙乐"。

有大人十二，均著夷狄饰来到临洮（今甘肃岷县），是西方人至中国西境的最早记录。秦遂下令销天下兵器而铸铜人十二，为当时巨型青铜塑像。

西方骞霄国画家、雕刻家烈裔约于此年至秦都咸阳（今陕西咸阳东北），善刻玉石为百兽形状，且能口含丹青漱地，构成鬼怪群物画面。

220B.C. 秦始皇帝二十七年，秦始皇北巡。

开始在全国修筑驰道与直道，构成以秦都咸阳为中心，南及吴楚，东至燕齐，北抵九原，西达陇西的全国交通网络。驰道宽五十步，三丈而树。

220B.C. 埃拉托色尼（前约276—前194）提出地球围着太阳转并绘制出尼罗河地图；他还精确地估计出地球圆周线。

修筑从罗马到里米尼的弗拉米尼乌斯大道（约前220）。

# 秦灭齐统一中国

始皇二十六年（前211），秦将王贲攻陷齐国，至此，秦统一了六国，建立了中国历史上第一个中央集权的国家。

秦国从商鞅变法以来，继续提倡耕战，鼓励人民发展生产，经济增长速度不断上升，国富民强。同时，吏治整肃，军队精锐骁勇。从秦王政十七年（前230）起，秦王用远交近攻、分化离间、各个击破的战略原则，相继灭掉韩、赵、燕、魏、楚五国。到秦王政

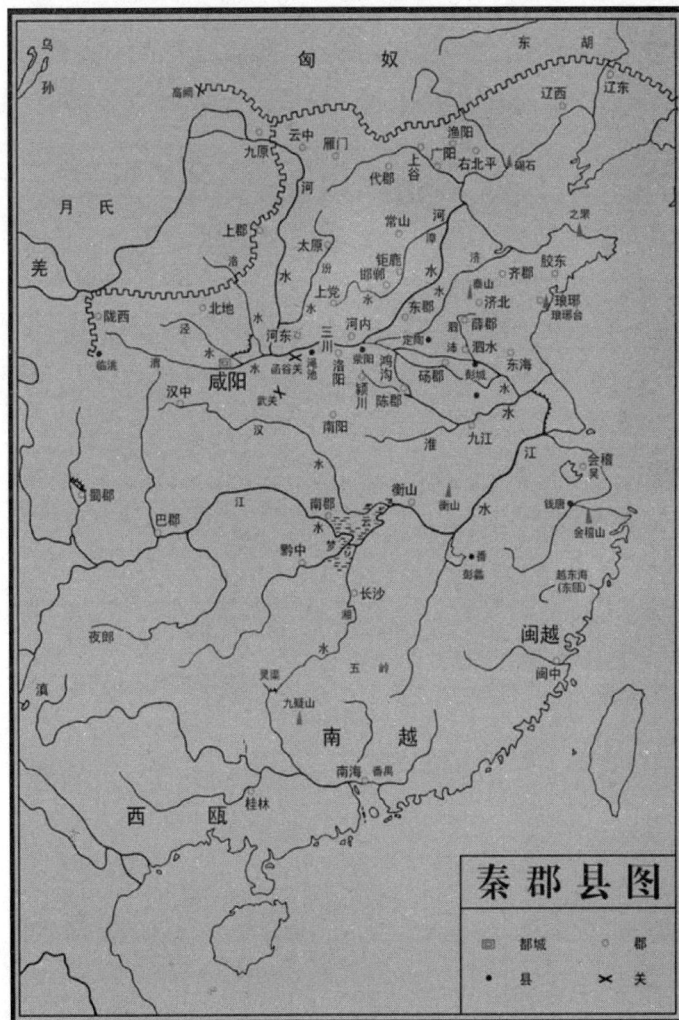

**秦郡县图**

- 回 都城
- ◦ 郡
- • 县
- × 关

秦汉交替的时代

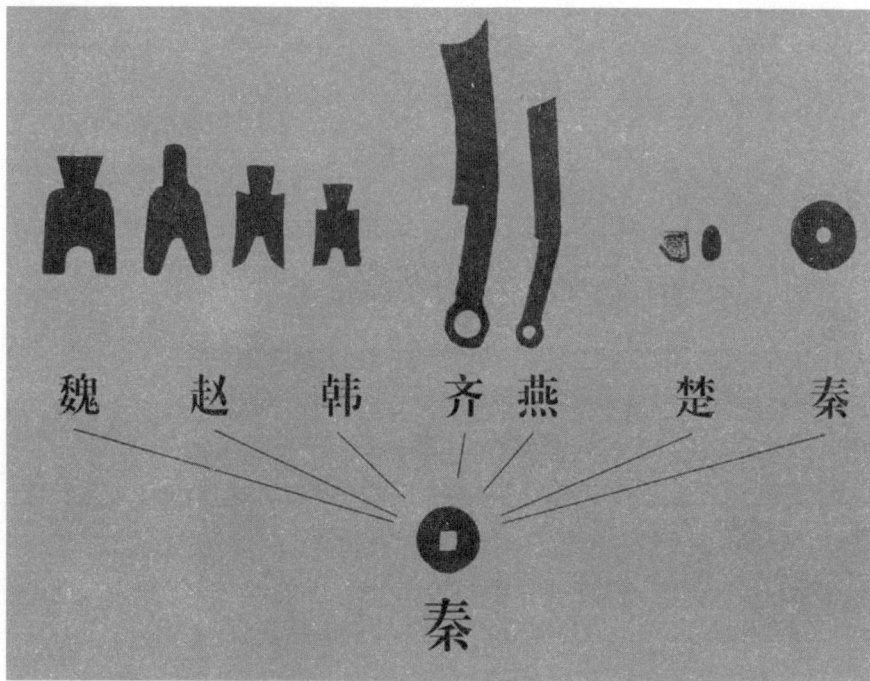

秦统一六国货币简图

秦俑军阵一号坑——威武雄壮的右军

两诏秦椭量

秦廿六年诏版

秦始皇像

秦汉交替的时代

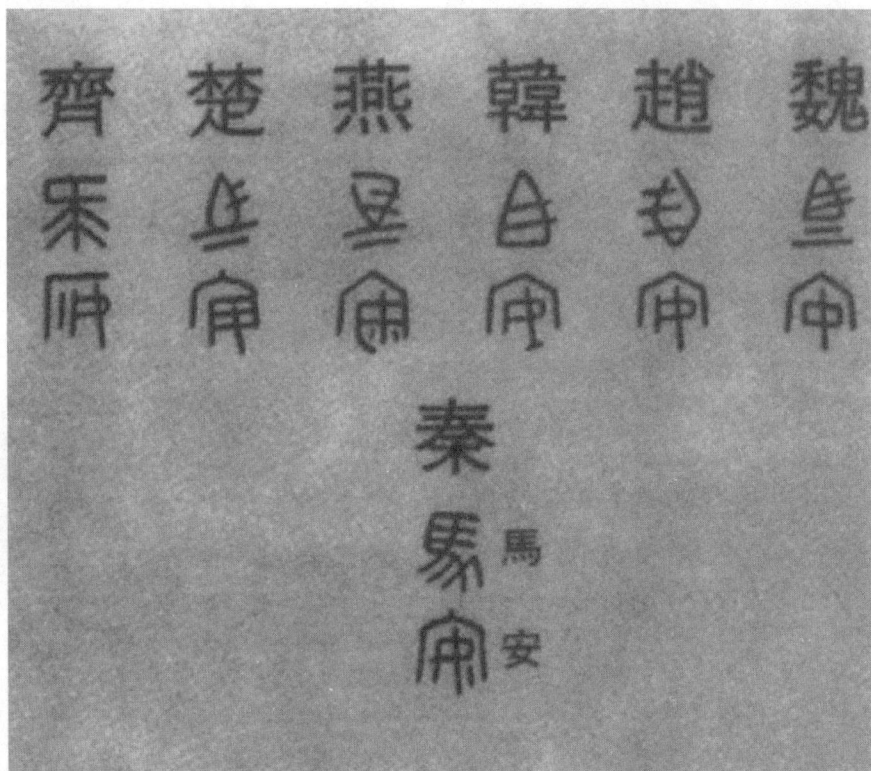

统一文字表

始皇廿六年诏八斤权

二十六年，秦将王贲灭燕后，南下攻齐。

齐国原是周初分封的诸侯国，始封君吕尚（即姜子牙），建都营丘（后称临淄，今山东淄博东北）。齐长期与秦国东、西对峙，一度互称东、西帝。

秦廿六年戈

前284年，燕将乐毅率五国之师伐齐，攻下齐国70余座城，从此，齐国国势开始中衰。战国末年，齐国与秦国修好，为图自保，听任秦国逐步攻打消灭其余五国。

前221年，秦将王贲自燕南攻打齐都临淄，齐王建听信齐相后胜的话，不作抵御，轻易降秦。秦兵进入齐都临

秦廿六年两诏版

**007**

淄，把齐王建迁到共（今河南辉县），从此，齐国灭亡。

秦灭齐之后，统一了全国，结束了春秋战国以来诸侯混战的局面，建立了中国历史上第一个统一的多民族的专制主义中央集权的封建王朝，为封建社会经济发展奠定了稳定的政治基础。在政局稳定、经济发展的基础上，封建社会的文化也进入了新的发展阶段。秦统一中国，使文字、货币、度量衡的统一成为可能，促进了政治、经济、文化以及各地区交流的发展。

## 秦始皇开创帝制

秦始皇二十六年（前221），秦消灭六国，统一全国，嬴政更改名号，称始皇帝，开创了帝制。

嬴政认为自己德迈三皇，功过五帝，继续称"王"不足以称成功，于是命令臣下议帝号。丞相王绾，御史大夫冯劫、廷尉李斯等人认为："古有天皇，有地皇，有泰皇，泰皇最贵。"因而尊称嬴政为"泰皇"。嬴政不满，于是把"泰"字去掉，取"皇"，采用上古时"帝"位号，称"皇帝"。又下令取消谥法，

秦阳陵虎符

秦汉交替的时代

秦陶量。秦代度量衡器。

自称"始皇帝"，后世依次为"二世、三世至于万世，传至无穷"；皇帝自称"朕"，大印称"玺"，命称为"制"，令称为"诏"。

　　始皇二十六年（前221），丞相王绾请封诸皇子为燕：齐、楚王，得到群臣的赞同。廷尉李斯力排众议，主张废除分封制，全面推行郡县制度。秦始皇接受了李斯的建议，把全国分成三十六郡，以后又陆续增设至四十余郡。中央集权的制度从此确立。

　　秦始皇以战国时期秦国官制为基础，建成一套适应统一国家需要的新的政府机构，即三公九卿制及郡县制。在这个机构中，中央设丞相、太尉、御史大夫。丞相有左右二员，掌政事。太尉掌军事，不常置。御史大夫是丞相的副贰，掌图籍秘书，监察百官。丞相、太尉、御史大夫以下，是分掌具体政务的诸卿。

　　地方行政机构分郡、县两级。郡设守、尉、监（监御史）。郡守为郡长官。

秦两诏文空心铜权

郡尉辅佐郡守,主管兵事。郡监司监察。县,万户以上者设令,万户以下者设长。县令、长领有丞、尉及其他属员。郡、县主要官吏由中央任免。县以下有乡,乡设三老掌教化,设啬夫掌诉讼和赋税,设游徼掌治安。乡下有里,是最基层的行政单位。里有里典(后代称里正、里魁),以"豪帅"即强有力者为之。此外,还有司治安、禁盗贼的专门机构,叫做亭,亭有长。两亭之间,相距大约十里。

早在秦献公十年(前375),秦国就建立了以"告奸"为目的的"户籍相伍"制度。秦王政统治时期,户籍制度趋于完备。始皇三十一年更"使黔首自实田",即令百姓自己申报土地。土地载于户籍,使国家征发租税有了主要依据。

秦始皇统一六国以后,以秦律为基础,参照六国律,制定了全境通行的法律。秦律经过汉朝的损益,成为唐以前历代法律的蓝本。

秦统一了度量衡。前221年,秦始皇颁布"一法度衡石丈尺"诏书应录,规定依秦制划一全国度量衡标准,度量衡器由官府遵诏书负责监制,民间不得私造。凡制造度量衡器,皆需铸刻诏书全义。结束了战国以来度量衡制不一的局面。同时,诏书规定了田亩制度,也结束了田畴异亩的现象。

秦下令废除秦以外通行的六国刀、布、钱及郢爰等。秦制定币制,统一货币,以黄金为上币,以镒为单位,重20两,铜币为下币,重半两,规定珠、玉、龟、贝、银、锡等物只作器饰珍藏,不能充作货币。金、铜货币成为行通全国的法定铸币。

秦始皇还采用了战国时期阴阳家的终始五德说,以辩护秦朝的法统。秦得水德,水德尚黑,所以秦的礼服旌旗等都用黑色;与水德相应的数是六,所以符传长度、法冠高度各为六寸,车轨宽六尺,与水德相应,历法以亥月即十月为岁首,等等。秦设立了中国文明的帝制典范。讲中国历史,绝不能不讲秦,秦的制度决定了汉(甚至魏晋)的文明形式。

秦确实是个暴政王朝,它给当时的人民带来了巨大的苦难,但在文明的发展上,秦作出的贡献比它带来的灾难要多。秦在政治和社会上是战国文明绝对化的阶段。汉代,甚至我们今天所使用的文明形式很多来自秦代。

秦的行政制度是中国历史上最大的进步之一,郡县制和废除分封、消灭六国贵族和大工商业主有相当的进步意义。秦的帝国体制是中国社会结构的一大进步,中国文明从此进入了先进的文官制时代,这个时代到现在还未结束。

秦的官营手工业是将工商业专制化,但也是将它工程化,秦汉文明在经

济上的高度发达（在当时世界上首屈一指）很大程度上归功于它。

秦的书同文、车同轨、行同伦、统一度量衡不只是专制，更是文明的绝对化，这些文明形式统一于一个形式之中。

这一点在文字上更明显，秦统一六国文字不是个简单的一致化，也是一个升华：小篆是一个古典典范。实际上，在秦代，隶化倾向已经出现，各国手写体也互相靠拢。但秦的官方文字，特别是作为标本颁出的文字小篆在形式上达到一种高度的形式化，它的平直圆的字体和匀称的结构在今天也很少能有人写得好。它如同一切古典典范一样，在形式上达到了绝对化，从而与一般实用的字体区别开来。在今天，小篆也是用作表示官方、法定意义的古典主义字体。

秦的艺术具有中国文明古典典型的特征。它的宫室（例如阿房宫）、陵墓已不可见，长城则在今天也还被作为中国的象征，这是雄浑品格的见证，它表现了这一时期艺术形式的绝对性和力量的宏大性。

至于当代才发现的秦始皇陵的兵马俑则是战国艺术的绝对化。它应该代表了战国雕塑艺术的最高水平。

秦的制度为汉初所继承。它的政治结构奠定了帝国体制的基础，它的三公、列卿、考课、监察制度在战国时代的小国政治中是不可想象的。它的法律素称严酷，但若一条条考察起来，并不十分不合理，只是惩罚过于严重。它和秦的政治制度一样，不管内容如何，在形式上都是中国法制的代表。

因此总的看来，秦在政治和社会上都将战国文明升华到了一个充分展开的形式化高度。在帝国体制中，各种文明形式得到丰满的表现，并内化于制度中。秦的博士制即使不太成功，也体现了秦人将文化固定化、全民化的努力。

## 李斯确定篆书·秦统一文字

战国时，文字的形体非常紊乱，各国文字不统一，不但字体不同，同一个字所采用的声符、形符也都有很大差异。秦统一六国后，"文字异形"给政令的推行和文化的交流造成严重障碍，于是秦始皇责令丞相李斯负责对文字进行整理，除去和秦国文字出入较大的，制定出新字体作为官方文字。李

（left margin vertical text）秦汉交替的时代

斯取史籀大篆，创造小篆，并使之成为秦代官方文字。

李斯不仅是秦代政治家，还是书法家。他对篆书有很深的造诣，北朝王愔《古今文字志目》、南朝羊欣《采古来能书人名》，都推李斯为秦代书法家之首。为统一文字，李斯作《仓颉篇》，取史籀大篆，创造小篆，他所书的篆书骨气风韵方圆妙绝，对后代篆书影响很大。同时代的书法家赵高作《爰历篇》，胡毋敬作《博学篇》，也都以大篆作基础创造出小篆，对小篆的形成作出一定的贡献。

由大篆经省改而形成的小篆，形体长方，用笔圆转，结构匀称，笔势瘦劲俊逸，体态典雅宽舒；字形图画性减少，线条符号性增强，异体字已经很少，偏旁部首的写法和位置基本固定，字形比较简化，是中国文字发展史上的一大进步。小篆之后的文字称今文，之前的则是古文。

李斯确定篆书，秦统一文字，结束了战国以来文字异构丛生，形体杂乱的局面。篆书成为官方文字，具有权威的意义，之后历代官方更采用篆书作印章文字。而文字的统一推动中国文化的统一，在中华文明史上有不可忽视的作用。

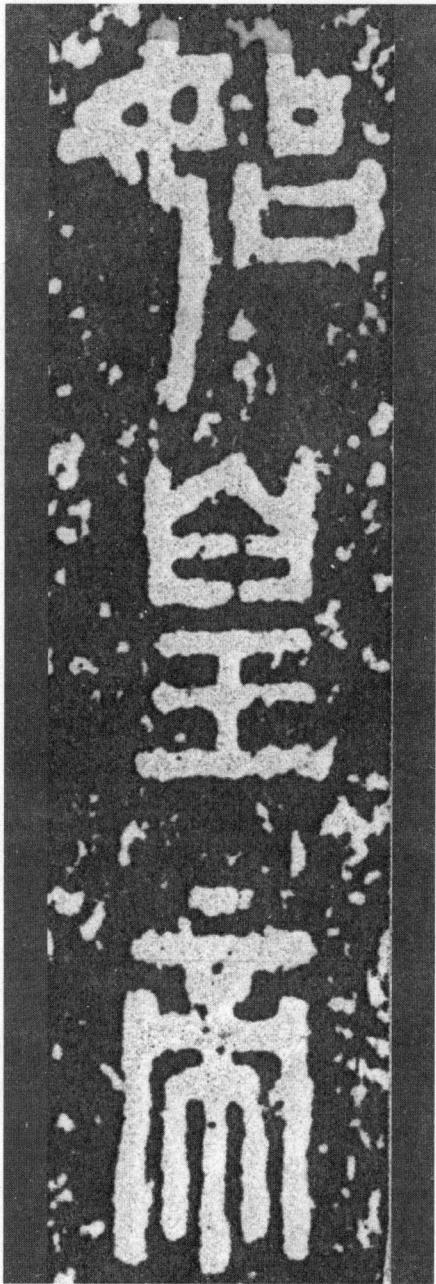

秦代书体"始皇帝"

**013**

秦代篆书主要用于官方文书、刻石、刻符等，流传至今的作品《泰山刻石》、《琅琊台刻石》、《绎山刻石》、《会稽刻石》，相传都出自李斯之手。《泰山刻石》风格圆润，严谨工整；《琅琊台刻石》用笔既雄浑又秀丽，结体的圆转部分更为圆活，二者都是秦代小篆的代表作。

## 秦筑驰道

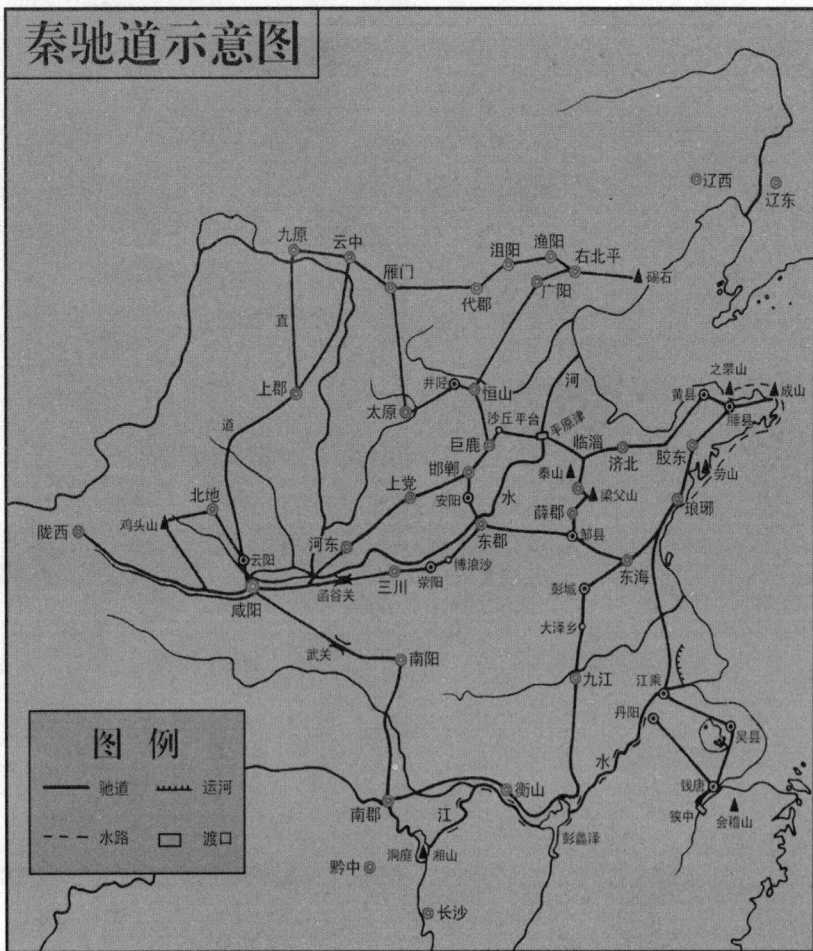

秦驰道示意图

秦始皇二十七年（前220），秦始皇完成消灭六国、统一中国的大业，为了控制广阔的国土，特别是六国旧境，并便于政令军情的传送和商旅车货的往来，遂下令在全国各地修筑驰道。筑道工程以秦的都城——咸阳为中心向

古代驰道遗迹

各地辐射，东至燕齐（今京津地区及山东），南达吴、楚（今江苏与两湖地区），北抵九原（今内蒙古包头西北），西通陇西（今甘肃临洮），形成较为完整的交通网络。驰道宽50步，路基均用铁锤夯实，较为坚固；道中央宽3丈，为车马专用道路，每隔3丈植松树一株，作为标志。

驰道两旁辅以小径，为百姓行走之途。继这项工程之后，在秦始皇三十五年（前212），秦始皇又命令大将蒙恬主持拓筑从九原至云阳（今陕西淳化西北）的直道，其间凿山填谷1800余里，解决了许多工程技术难题。上述两项工程均极为浩大，历时数年，花去大量的人力财力。

秦始皇自己多次顺着驰道巡游郡县，在很多地方刻石纪功，以示威强。

驰道、直道修成之后，极大地方便了整个国家的陆路交通，有利于生产力的发展，而且，这些工程作为秦始皇"车同轨"的大一统政策的主要措施，更是迅速促进了全国政治、经济、文化诸方面的联系，有效地维护了秦朝的统治。

## 219. ~ 210B.C.

# 秦朝

**219B.C.秦始皇帝二十八年**

秦始皇东巡，封禅于泰山、梁父。秦始皇派遣方士徐福率童男童女数千及技艺工匠入海访求仙人及不死之药，是为中国古代大规模海上航行始载史籍，标志着秦朝造船及航海技术的发达。

秦始设博士官，定员七十，职司为通古今，辨是非，与诸大臣共议政事。秦代博士不尽用专经之士。

**217B.C.秦始皇帝三十年**

狱吏喜（前262）葬于湖北云梦睡虎地，随葬的大量法律文书竹简是我国现存时代最早的成文法典。

睡虎地出土的《编年记》（亦作《大事记》），为我国现存最早的年谱。

**215B.C.秦始皇帝三十二年**

秦始皇东巡至碣石，立《碣石刻石》。

**214B.C.秦始皇帝三十三年**

秦发兵统一岭南时，水利家监禄（亦作史禄）主持开凿灵渠，联接湘、漓二水以通粮道。

本年起开始连接修缮原秦、赵、燕三国北长城，后世称为万里长城，为世界著名宏伟建筑之一。书法家王次仲改进流传民间的隶书书法，隶书自此更趋规范化而成为秦小篆以外又一通行字体。

**213B.C.秦始皇帝三十四年**

用李斯建议，下焚书令，是即著名的焚书事件。此年以后，博士议事制度被取消。

**212B.C.秦始皇帝三十五年**

始筑秦朝最大的宫殿建筑群——阿房宫及骊山始皇陵园。

秦始皇坑杀460余人于咸阳，是为著名的坑儒事件。

**210B.C.秦始皇帝三十七年**

七月，秦始皇在巡视途中卒于沙丘。

**219B.C.**

第二次布匿战争（前219~前201）。

汉尼拔越过阿尔卑斯山从北方侵入意大利，占领都灵并打败普布利乌斯·科尔涅利乌斯·斯奇比奥（前218），在特拉西美诺湖将罗马人打败（前217）。

罗马人在康奈被打败，约5万人阵亡（前216）。

汉尼拔率领迦太基人兵临罗马城（前211）。

## 秦代漆器形式创新

秦彩绘云龙纹椭圆形漆奁

秦漆壶彩绘牛马图（牛）

战国秦汉是我国漆器第一次重大发展时期，产地广，数量多，品种全。

秦代在这一漆器大发展的时期中是一个承前启后的朝代。秦代漆器过去所知甚少，自1975年以来，几次重要考古发掘把这一时期的惊人成就展现于世。

在湖北云梦睡虎地秦墓和河南泌阳官庄村秦末墓葬中发掘了许多秦漆器。

秦彩绘兽首凤形漆勺

秦彩绘变形鸟头纹漆卮

主要品种有凤形勺、双耳长盒、盂、圆盒、壶、扁壶、耳杯、长方形盒、盘、匕、樽、卮、圆奁、椭圆奁、杯等。这些漆器与荥经、青川等地出土的战国漆器相比，可明显看出它们属于同一工艺体系。只是随着时间的推移，在战国时期工艺水平的基础上又有了新的发展，很多物品在形式上有所创新。

云梦发现的凤形勺，利用凤背挖成勺，头颈做成把，彩绘羽毛及头的细部，

秦彩绘几何纹铜箍三蹄足漆樽

秦彩绘铜箍三蹄足漆樽

是前所未有的新品种，尤其是睡虎地 34 号秦墓出土的一件彩绘兽首凤形勺，更为奇特。

秦代漆器在图案上的创新主要体现在大量使用变形鸟头纹，并用横线连接，布满全器，图案性强。青川出土的战国双耳长盒或只髹黑漆，或只朱绘器口，而云梦的秦代漆盒则多有精美图案，在盒的两端绘有很像眼睛的花纹，并利用突出的器耳画成仿佛猪豚的嘴鼻，产生既庄重而又诙谐的效果，由于花纹多为写实性的，所以比起前代来呈现出全

秦彩绘铜扣漆盒

新的面貌。一些彩绘漆器，虽然不是十分工细，却笔简神完，彩绘扁壶上雄壮有力的犀牛、并肩前进的奔马和飞鸟等图案，都是前代未有。有一件耳杯，内底只画有两尾小鱼，别无纹饰，更是从繁缛的装饰中解脱出来的大胆突破。

秦代漆器技法上也有创新，有一件漆卮粘贴着用银箔刻成的图案，然后沿着花纹边缘再用朱漆勾线，这种技法可能是初创，只在云梦发现一件这样的制品。

秦代漆器工艺分工较细，这正是西汉漆器

秦彩绘鱼鹭纹漆盂

秦彩绘云龙纹漆盒

数十字长铭的前奏。一些云梦漆器上有烙印、针刻或漆书文字和符号，用"咸亭"、"咸市"代替荥经、青川战国漆器上的"成草"、"成亭"字样。据研究，应是"咸阳市亭"的省称，这些漆器应是秦代咸阳市亭所管辖的漆器作坊产品。此外，还有不少针刻铭文中有"里"字，如"安里皇"等，应为漆器作坊所在地的里名及制作工匠的名字。另外，漆工工序的名称如"素"、"包"、"上"、"告"等也开始在漆器上出现。

　　在江陵和岭南等地也发现了不少秦漆器，说明秦统一天下后很快就把中央的文化艺术推广到了全国。

## 秦始皇泰山封禅

　　秦始皇二十八年（前219），秦始皇在泰山封禅，刻石纪功。

　　封禅是古代统治者祭告天地的一种仪式。所谓"封"，是指筑土建坛祭天。

《纪泰山铭》

古人认为五岳中东岳泰山最高，而且东方是万物始发和阴阳交替之地，人间的帝王应到那里去祭告上帝，表示受命于天。所谓"禅"，是指祭地，即在泰山下小山的平地上祭地。"封"与"禅"是同时进行的，但"封"比"禅"要隆重得多。

相传，上古时代就有封禅的说法。夏、商、周三朝到泰山来举行封禅大典的有 72 位君主，但秦始皇之后才有文字记载。它的仪式复杂神秘，各朝代不尽相同。实际上，封禅是一种具有政治目的而又带有宗教性的祭祀活动。

前 219 年，秦始皇率领文武大臣及儒生博士 70 人，到泰山去举行封禅大典。由于长期不举行这种活动，大臣们都不知道仪式该怎样进行。于是秦始皇把儒生召来询问。儒生们众说纷纭，有的说古代天子封禅时要坐用蒲草裹

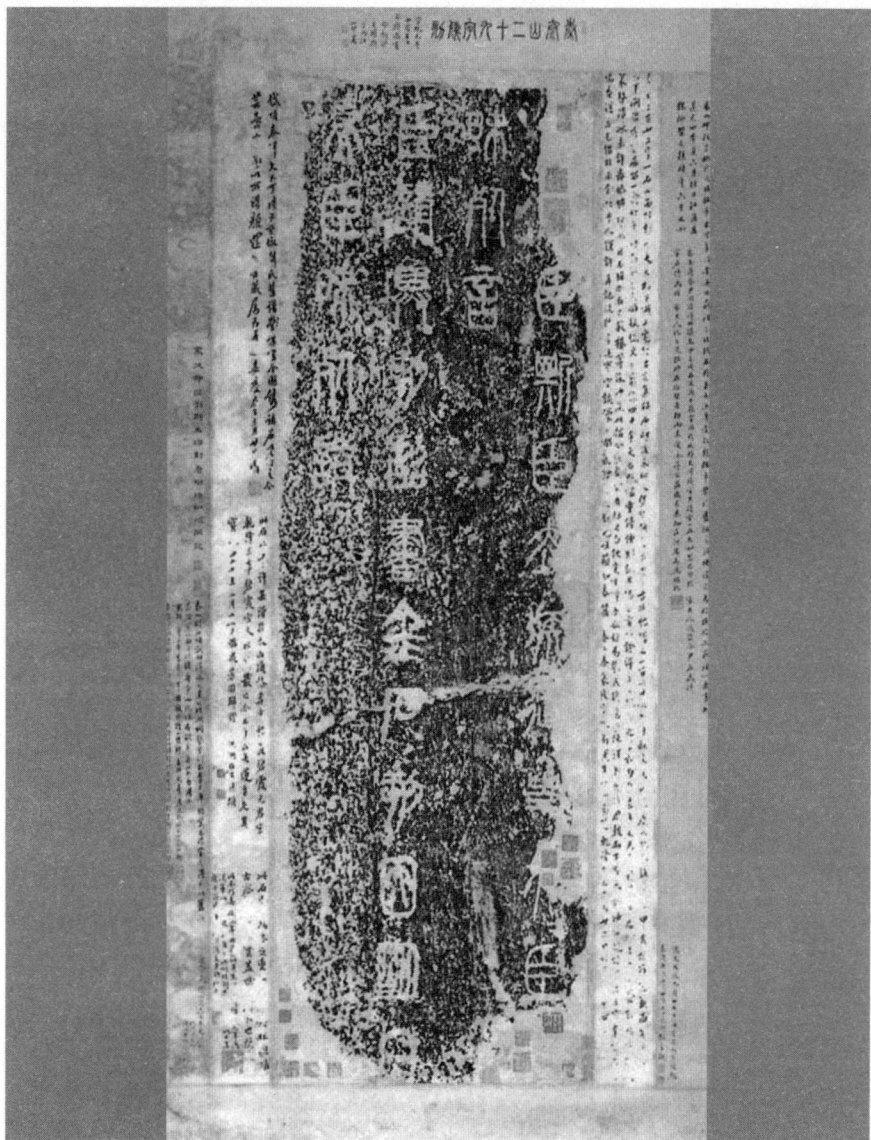

泰山刻石

车轮的"薄车",这样可以不损伤山上的土木草石,有的说祭地时要扫地,还得铺上席子。

秦始皇听了觉得难以实施,便斥退儒生,按照自己的想法开辟车道,到泰山顶上立了碑,举行封礼。接着下来,到附近的梁父山行了禅礼。

## 高渐离击秦王

战国时期的燕国人高渐离,善于击筑(古代类似于琴的一种弦乐器)。

秦跽坐俑

他是著名刺客荆轲的朋友,一起效力于燕太子丹。荆轲刺秦王前,高渐离在易水击筑送别。后来荆轲行刺失败,秦王起兵灭燕,并于秦始皇二十六年(前221)统一中国。此后,秦始皇大肆搜捕反对派,高渐离隐姓埋名躲藏于宋子(今河北赵县东北),在一大户人家作奴仆。

高渐离不甘长久隐姓埋名,常应众人之请,一边击筑,一边

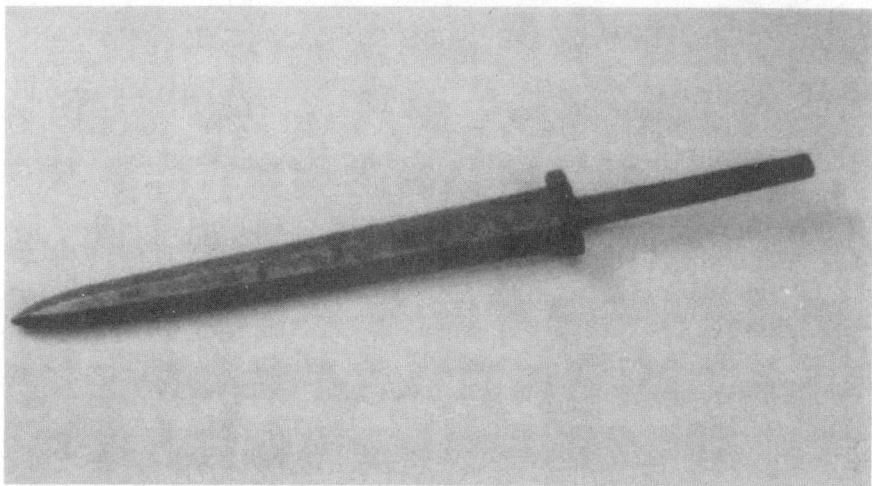

秦铜铍

慷慨悲歌，抒发亡国之苦以及壮志未酬之恨，每每使满座听众涕泪沾衣，唏嘘不已。秦始皇听到了这件事，派人将他召去，尽管秦始皇知道高渐离是他的仇敌，但因爱惜他的才能，便赦免了高渐离的死罪，只弄瞎了他的双眼，令他为自己击筑。

开始，秦始皇还有戒备之心，只远远地坐着叫他演奏。久而久之，见高渐离并无异常举动，而且秦始皇也非常喜欢他的技艺，便渐渐叫他靠近自己。但高渐离并未消除仇恨，只是苦等机会复仇。这时他见时机已到，便用铅将筑填满，使筑沉重如铁，足以击人致命。然后等到秦始皇渐渐入迷时，便出其不意突然拿筑向秦始皇砸去，但由于自己眼睛看不见，筑砸偏没有触到秦始皇。秦始皇立即处死了高渐离，并从此不再让诸侯手下的人靠近自己。

# 琅琊台刻石立成

琅琊台刻石是最可信的秦代传世石刻之一。秦始皇统一六国以后，曾多次巡视全国，立石刻，歌颂秦德。琅琊台刻石刻于秦始皇二十八年（前219），记述秦始皇"器械一量，同书文字"与"功盖五帝，泽及牛马"的殊

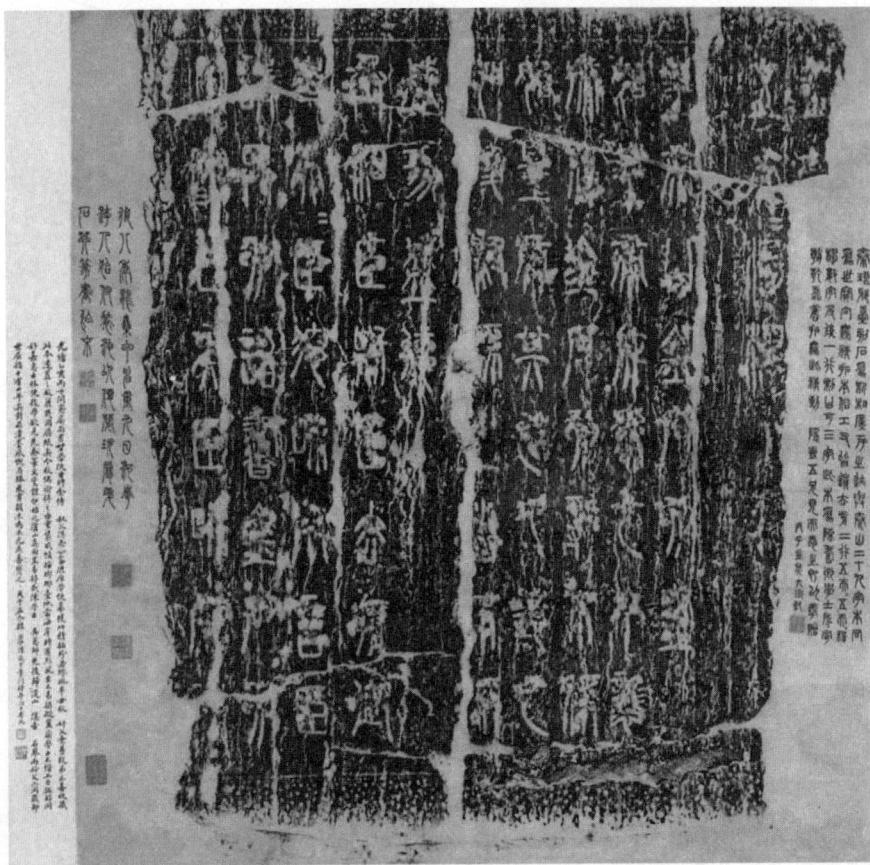

琅琊台刻石

功。二世元年，秦二世东行郡县，于始皇所立石旁刻大臣从者姓名，以彰始皇成功盛德，复刻诏书于其旁。至宋代苏轼为高密太守时，始皇刻石已泯灭不存，仅存秦二世元年所加刻辞，世称二世诏文，也就是现在保存下来的《琅琊台刻石》。刻石高 129 厘米，宽 76.5 厘米，厚 37 厘米。今存原石本 13 行，计 86 字，笔画接近石鼓文，用笔既雄浑又秀丽，结体的圆转部分比《泰山刻石》更圆活，确为小篆杰出的代表作。残石现藏于北京中国历史博物馆。

# 博浪沙张良椎击始皇

秦始皇二十九年（前218），秦始皇作第三次东游，在阳武、博浪沙（河南中牟县北），遭张良及力士椎击，这就是历史上所谓张良博浪一击。

秦朝建立后，由于统治阶段的穷兵黩武，沉重的赋税劳役和残酷的经济剥削，社会矛盾十分尖锐。尤其是东部原六国地区，秦王朝的统治极不稳定，六国贵族利用人民群众的反秦情绪时刻想着报仇复国。

张良（？~前189）字子房，城父（今安徽亳州东南）人，是韩国的贵族。

秦双翼神兽

父、祖五代人是韩国相国。前230年，秦灭韩国时，张良年少，变卖全部家产，弟死了也不埋葬，准备为韩国报仇。不久，招募到力士，做了一个120斤重的铁锤，准备用来击杀秦始皇。

　　始皇二十九年（前218）年东巡，行至博浪沙，张良命令力士持铁锤突然袭击，没有命中始皇，而锤中副车。始皇大怒，急令逮捕刺客，没有抓到。又下令在全国大搜索10天，终究没捕获。张良因此变换姓名，逃亡到下邳（今江苏宿迁西北）。始皇离开博浪沙后，登上之罘山（今山东烟台北芒罘岛上），刻石颂功，然后返回咸阳。

　　张良博浪沙一击，成为秦代政府走向灭亡的警报。也预示着轰轰烈烈的秦末大风暴的到来。

## 秦始皇求仙·徐福东渡日本

徐福东渡时登程地点

　　秦始皇统一六国之时，燕齐等国许多人出亡海外，他们走的是一、两个世纪以来的航路，沿山东半岛成山角跨越渤海（今黄海），来到朝鲜半岛的白翎岛，其间仅隔90海里，然后抵达日本北九州。海北道中必须通过对马岛，自前356年齐威王派人下海，探访前往日本的航路后，这里可能就是被喻作蓬莱、方丈、瀛洲三座神山。由于海流的阻挡，使渡过对马海峡在很长一段时间中，成为航海者的一大难题。

　　前219年，秦始皇东巡到了山东沿海的琅邪（今诸城东南），齐人徐福与一些人士上书秦始皇，宣称海中有三神山，请求秦始皇派童男童女和他一起去求仙人。秦始皇采用了他的建议，派数千童男童女乘船出航。经过几年，花去了许多费用，并没有得到神药。前210年，秦始皇再次巡幸琅邪时，徐福恐怕受到责备，便编造谎言，说是蓬莱岛由于海中有大鲛鱼，受到阻难，一定要派善于使用连弩的射手去才能排除困难。据徐福东渡后20年出生的伍

日本阿须贺神杜内的徐福宫

被和淮南王刘安的对话中透露，这次秦始皇又派徐福率童男童女 3000 人，装载五谷种子、技艺百工下海。徐福航海到达日本本州和歌山。徐福及徐福船队在抵达北九州的大岛后，进入濑户内海，远达纪伊半岛。至今在和歌山新宫町东南有蓬莱山，还有徐福墓，墓前石碑上刻"秦徐福之墓"五个汉字。

徐福及其伙伴从大陆输送到日本的新颖的海船、秫米和农耕技术，以及青铜和铁器冶炼技术，使得早先已有零星传入的中国文化，在日本列岛上得以巩固和延续，促使日本在绳纹文化的末期，突然展开了一种与原先的文化面貌和发展水平截然不同的新的文化，这一文化便是以弥生式土器和中国铁器为特征，和原来列岛上固有的绳纹文化同时并存、共同开始它的进程的弥生文化。

## 喜入葬云梦睡虎地

秦始皇三十年（前 217），秦狱吏喜入葬云梦睡虎地（今湖北省云梦县睡虎地）。随葬品有竹简、毛笔、漆器、竹木器、陶器、铜器等。1975 午，喜墓被发掘，其中出土的竹简所记载的内容具有重要的史学价值，是研究战国晚期到秦始皇时期历史的重要资料，随葬的大量法律文书竹简是我国现存时代最早的成文法典，统称为"云梦秦简"。

喜墓出土的秦简牍共 1155 枚，简长 23.1～27.8 厘米，宽 0.5～0.8 厘米，简文墨书秦隶，多写于篾黄上，少数两面墨书，字迹大部分清晰可辨。竹简以细绳分上、中、下三道编连成册，从书体、内容和其中多处避始皇名讳可知，简书由多人书写，有的写于战国晚年，有的写于秦始皇时期。

秦简牍经整理编纂，分为 9 种，分别为：《编年记》、《语书》、《秦律十八种》、《效律》、《秦律杂抄》、《法律答问》、《封诊式》、《为吏之道》和《日书》。《编年史》（亦作《大事记》）成书不晚于前 217 年，为我国现存最早的年谱，以编年体记载了从秦昭王元年（前 306）到始皇三十年（前 217）秦军政大事及墓主喜的经历，《语书》和《为吏之道》是训诫官吏的教令，《日书》为术数书，其他的均是记录秦代或战国晚期的法律文书，可通称为《秦法律文书》。其中《秦律十八种》内容广泛，包括农业生产、国家牛马饲养，粮食贮存、保管、发放，货币和财物，开市职务，官府手工业，

秦朝
221～207/B.C.

官营手工业生产定额，徭役，军功爵，任用管吏，驿传，少数民族管理等；《效律》是对县和都官管理的物品实行检验的法律规定；《秦律杂抄》内容广泛，涉及官吏任免，限制游士、传籍、军纪、行成等；《法律问答》是对法律条文及有关问题作的解释，《封诊式》是关于调查案件、验实案情、审讯定罪等文书程序和审理案件的具体守则。云梦秦简所记载的秦律内容远远超出李悝《法经》的范畴，已具备刑法、诉讼法、民法、军法、行政法、经济立法等方面的内容，其中刑法最为成熟。

云梦睡虎地喜墓出土的云梦秦简内容丰富，反映了中国从诸侯割据向中央专制集权转变时期政治、经济、文化、法律、军事等方面的内容，是研究这一时期的可信史料。而云梦秦简里所保存的秦律内容，对研

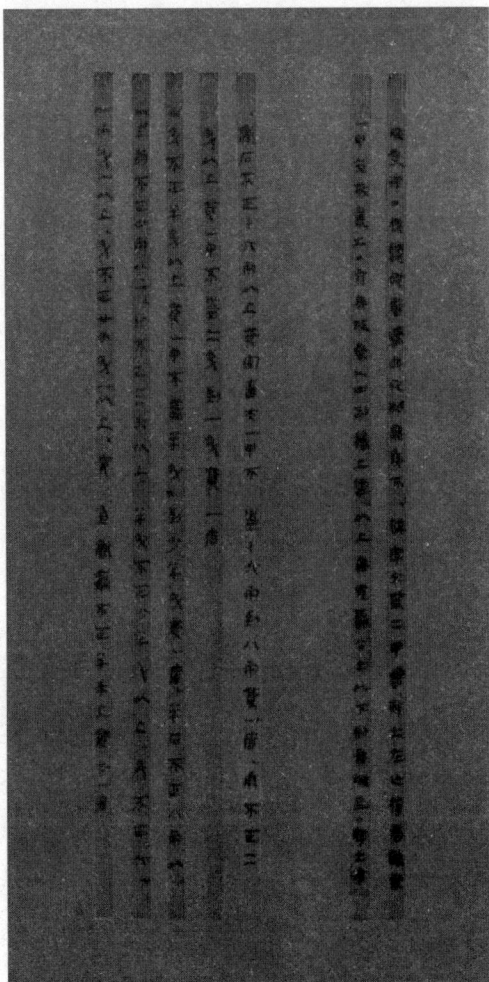

睡虎地秦代竹简

究中国古代法律制度有着重要的价值。云梦秦简的发现，不仅是中国法制史上的一件大事，在世界文化史上也占有重要地位。

## 秦代铜车马

　　1980年，在陕西省临潼县秦始皇陵封土西侧出土秦始皇随葬的青铜车马模型。共出2乘，均为单辕双轮，4马驾，1御官俑。以1／2比例模拟实物而作。其中2号铜车马通长328.4厘米，高104.2厘米；其中一条辔绳末端刻有"安车第一"字样，可知此车为安车；而位于2号车之前的1号车则为立车。两车形制相似。车舆分前、后室，御官俑跽坐于前室，乘主坐后室。前室前、左、右三面有彩绘栏板。后室前方及左右两侧车上开有镂成菱花纹的窗。室后面开门。车盖呈椭圆形。车内外遍饰云气纹、夔纹、几何形纹彩绘等。车舆前悬一弩，左车厢前角立箭，盛箭20余支；右车厢边有一盾箙盛一盾。

　　御官俑戴冠，着领缘绘有朱红菱形纹的右衽交襟长袍，腰间束带佩剑，面容圆润丰满，微含

秦二号铜车马局部

秦二号铜车马。称为"安车"，车箱分前后室，前室为御手乘坐驾车的地方，置跽坐姿势的高级御官俑一件。后室供主人乘坐，较为宽大，四周封闭，后面辟门，顶部有椭圆形车盖。

秦一号铜车马

笑意。挺立执辔，笑中藏威，形象生动。

车、马、御官俑的彩绘均以白色作基调，施以朱红、粉红、紫、蓝、绿、黑等颜色。图案花纹多作二方连续或四方连续，以菱形纹为主，辅以卷云纹、圆形、三角形等纹样。马具多为金银质，车饰多为银质。彩绘与金银质小型构件及装饰品相互配合，形成华丽、庄重、典雅的艺术效果。

铜车马制作技艺精湛，细部处理真实具体。如御官俑的手部指关节、指甲、马的口腔细部，都很逼真，富于质感。车的轮、舆、衡、轭等及众多的附件都制作精美，以细铜丝绞结而成的缨络，柔韧而富有弹性。

铜车马共有零件 3462 件，其中金制零件 737 件，银制零件 983 件，制作不仅包括铸造和镶嵌技术，也包括锉、磨、冲、凿等金属加工技术以及焊接、铆接、铰链联接、销钉固定等联接技术，局部装配和总装配采用了高水平的组装工艺。表现出 2200 年前中国劳动人民在金属制造和加工方面所具有的技术能力。

铜车马造型规整，装饰华丽，比较准确地再现了秦代车马出行的宏大气势。4 铜马比例匀称，膘肥体壮；马头微向外转，昂首张口，表现出整装待发的动感。是秦代造型艺术的精品，对研究秦代冶金技艺、宫廷舆服、车制及车舆制度具有重大的参考价值。原件现藏陕西省秦始皇兵马俑博物馆。

## 灵渠建成·沟通南北水系

秦始皇三十三年（前 214），军尉屠睢指挥 50 万大军，分五路南下，对居住在今两广地区的南越和西瓯进行大规模的战争。在征伐过程中，秦军遭到越族的强烈抵抗，并因运粮困难，不能获得胜利，相持达 3 年之久。

为了支援征服南越和西瓯的战争，解决进攻南越秦军的供应问题，秦始皇派监御史在今广西兴安县北开凿一条连接湘水和漓水的运河，以"通粮道"，这就是著名的灵渠。灵渠选择湘水和漓水最近的地方开凿，全长 30 公里，沟通了江南的长江水系和珠江水系。开渠的军民表现出高度的智慧，他们巧妙地使渠道迂回行进，降低渠道坡度，以平缓水势，便于行船。渠道和堤坝的工程均充分利用了我国古代水利工程技术的最新成果，并有多方面的创造。

广西兴安秦灵渠遗址。灵渠为世界上最早的有闸运河。

有分湘江入漓水的铧嘴；有防洪设备——大、小天平以渲泄水量。因两水落差较大，渠中设斗门若干道，南北往来船只，便可逐斗上进或下降。因灵渠构思巧妙，故名灵渠。

灵渠修成后，粮食、给养通过水道源源不断地运来，保障了秦军作战的需用，为秦军取得统一南越的胜利创造了重要条件。到始皇三十三年末，秦军终于将包括西瓯及雒越在内的"百越"之地全部占领，建置南海、桂林、象郡三郡。

灵渠的建成，使长江水系同珠江水系连结起来，对中原地区同南方、西南的经济文化交流起了重要作用。直到明、清时代，灵渠还被称为"三楚两奥之咽喉"。内地的粮食和其他物质通过长江往南经洞庭湖，通过灵渠进入西江再由珠江运抵广州。由灵渠连结起来的两大水系，南北延伸约 2000 公里，在世界航运工程史上占有光辉的地位。

## 秦代万里长城修建

秦始皇三十三年（前214），大将蒙恬率30万大军大举征伐匈奴，收复河套南北的广大地区，并在这个地区设置44个县，重设九原

内蒙固阳秦长城

秦长城图

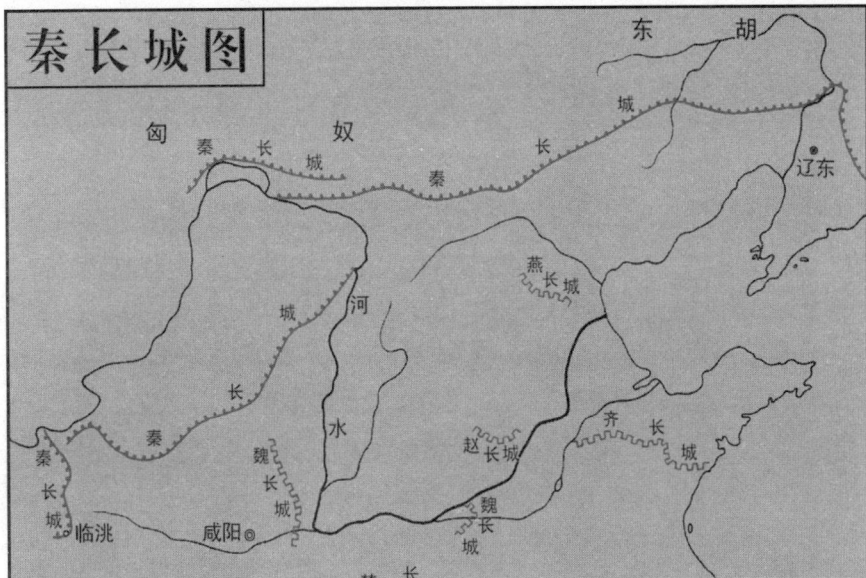

内蒙固阳秦长城

宁夏固原战国时期秦国长城遗址

郡。为了巩固这一地区，秦始皇又征发大量民工，将原秦、赵、燕旧时长城，随地形修筑连接，重新加固，修建成举世闻名的万里长城。

战国时期，北方邻近匈奴的秦、赵、燕三国分别修筑长城以防匈奴侵袭。秦长城西起临洮（今甘肃岷县）、东北经固原至黄河。赵长城西起高阙（今内蒙古临河）、东至代（今河北蔚县）。燕长城西起造阳（今河北独石口）、东至辽东。3条长城互不连结。秦始皇二十五年（前222），秦灭赵后，匈奴乘机占领赵属河套地区的河南地。秦统一六国后，一方面派大军征伐匈奴，一方面征集民工修建长城以防御匈奴的侵入。

修建长城的条件是十分艰苦的。30万以上的农民及囚犯，在北方风雪萧萧的边塞上，肩挑手抬，积土垒石十余年，在留下无数的白骨后，终于修成了西起临洮，东至辽东的秦代万里长城。

万里长城修好后，蒙恬率军30万，屯驻上郡（今陕西榆林东南）十余年，声名赫赫，威振匈奴。"却匈奴七百余里，胡人不敢南下而牧马，士不敢弯弓而报怨。"

在秦代万里长城的基础上，经西汉、北魏、北齐、北周、隋唐、明朝历代增修，形成今天的西起嘉峪关，东至山海关，长11000余里的万里长城。

万里长城，对于抵御匈奴的骚扰，保障内地人民生产和生活的安定，起了重要作用。从甘肃省泯县和山西大同县保留下来的长城遗址来看，长城的工程十分浩大。它是世界历史上最伟大的建筑之一和中国历史上七大奇迹之一。它充分体现了我国劳动人民的高度智慧和无限的创造力，成为中华民族文明悠久的象征。

陕西神木秦长城遗址

# 蒙恬北伐匈奴

秦尚未统一六国前，逐渐强大起来的匈奴经常掠夺内地的人民、牲畜、财产，使相邻的燕、赵、秦深受其害。尤其是秦灭六国的最后阶段，中原战事方酣，匈奴趁各诸侯国无暇外及，占领了河套地区的所谓"河南地"。秦王朝建立后，匈奴的威胁成为最突出的问题。

秦始皇三十二年（前215），奉命入海求仙的卢生回到咸阳，向始皇报告鬼神事，奏上的《录图书》有"亡秦者胡也"的语句。此胡本指"胡亥"之胡，但始皇却认为"胡"谓匈奴，为此，遂派大将蒙恬率军30万大举北伐匈奴。尽取河南（今黄河河套西北）地。

蒙恬（？~前210），其祖先为齐国人。祖父蒙骜，从齐入秦侍奉秦昭王，官职为上卿。父亲蒙武，弟蒙毅，都是名将。始皇二十六年（前221），蒙恬因家世殊勋被拜为秦将，受命攻陷齐国，拜为内史。第二年，蒙恬又率军越过黄河，夺取了为匈奴控制的高阙（今内蒙古杭锦后旗东北）、阳山（今内蒙古狼山）、北假（今内蒙古河套以北、阴山以南、大青山以西地区）等地。

匈奴首领头曼单于在秦军的打击下，放弃河南地及头曼城向北退却。秦

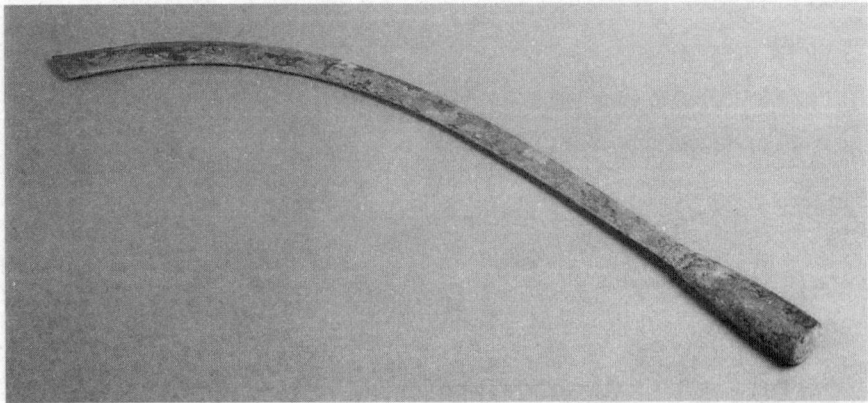

秦代铜弯刀

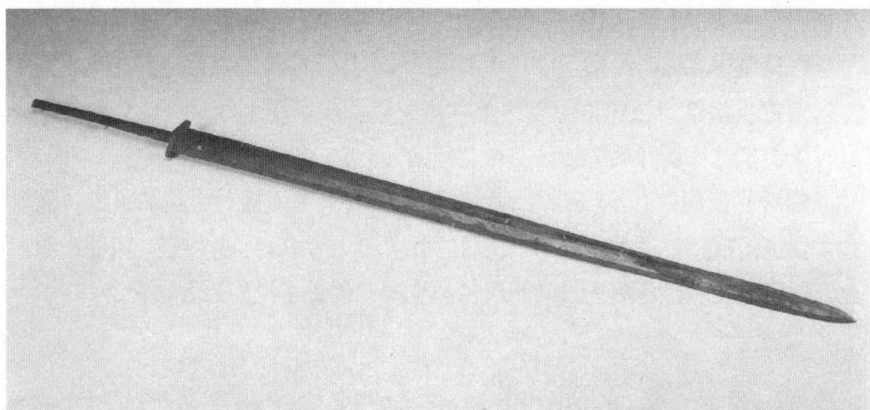

秦代铜剑

秦将军俑

秦将军俑

王朝收复河套以北、阴山一带地区后，增设44县，重新设置九原郡，在黄河岸上构筑城堡戍守。始皇三十六年（前211）秦迁内地人3万户到北河、榆中（内蒙古自治区伊金霍洛旗以北）屯垦，进一步巩固了对这一地区的统治。当时人们把这一新开垦的地区叫做"新秦"。

蒙恬北伐匈奴，不仅有力地制止了匈奴奴隶主贵族对中原的抢掠，而且大大促进了这一地区的开发。在长期的劳动和交往中，不少匈奴人南迁中原，逐渐同秦人及其他各族人民共同居住和生产，促进了民族的大融合。

## 秦汉军服定型

秦跪射武士俑

秦汉时兵种有车兵、步兵、骑兵、弩兵4种，职务有将军、中级武官和下级武士，军服有冠、帽、帻、袍、铠甲等。军服制式根据兵种和职务的不同有所差异，基本上依类定型。

冠、帽、帻类。秦汉时将军戴长冠，双卷尾饰。冠有组缨，系扎于颏下，垂于胸前。一般武官戴长冠，单卷尾。御手在白色圆形软帽上戴长冠，单卷尾。车士有的戴白

色软帽，有的则戴单卷尾。一般士兵不戴冠，以布束发，称作帻。铠甲武士、战袍武士、弩手、骑兵都着帻，但形状装饰略有不同。

袍类。从将军到士兵，都穿紧身窄袍，将军着两层，其余一层。袍是葛麻制成。战袍武士的是红色，御手的是褐色。铠甲武士一类为绿色短褐，衣领袖口以赭色边装饰，下着深红色袴；一类为红色短短，衣领袖口以浅蓝色边装饰，下着蓝或绿袴与秦代"上黑"明显不同。

铠甲类。秦时骑兵铠甲较短，无披膊；一般步卒和战车兵的铠甲，甲身较长，两肩有披膊；御手所著的铠甲甲身最长，领部加高呈"盆领"，两肩有长披膊，并有护手甲。秦铠甲沿用战国已出现的铁甲，也夹杂有皮甲，从它的形制和编缀方法看，已具备了中国古代铠甲的特点。到西汉，皮甲仍然存在，但铁甲占据主要地位，称作"玄甲"。以"玄甲"殉葬是西汉非常隆重的葬礼。玄甲甲片式样有三类：呈长条形的大型甲片、圆角长方形的中型甲片、舌状或柳叶状的小型甲片。编组甲片通常用麻绳、皮条，编缀方法大致是先横编后纵连，也根据部位不同有所变化。铠甲的形制由较简朴的大型扎甲向精锻细密的鱼鳞甲发展，类型也日益繁多，保卫的身躯部位日益加大。到东汉时，除身甲部分外，保护脖颈的"盆领"，保护两肩和上臂的"披膊"和保护两腿的"鹘尾"、"腿裙"都已完善，形制更为发展，加之"百炼钢"技术被用于制造铠甲，铠甲质量进一步得到提高。

## 秦始皇焚书坑儒

秦始皇帝三十四年（前213），秦始皇采纳李斯建议，下令禁止私学，并焚毁《秦记》以外史书和诸子百家著作及《诗》、《书》；秦始皇帝三十五年（前212），秦始皇以方士卢生、侯生诽谤皇帝、妖言惑众为理由，牵连坑杀儒生460多人。这两件事是中国文明史上的一大浩劫，史称"焚书坑儒"。

秦始皇帝三十四年（前213），始皇在咸阳大宴群臣，博士淳于越指责郡县制，提出分封制的主张。他企图说服秦始皇遵复古法，恢复西周以来的分封制，以使天下太平，并说：做事不遵从古法而又可以长久太平的，简直是闻所未闻！秦始皇将此事交给群臣讨论。丞相李斯以"五帝不相复，三代不相

秦汉交替的时代

陕西秦焚书灰坑遗址及"坑儒谷"遗址

袭，各以治"的例证反驳淳于越，并指责儒生"入则心非，出则巷议"，"不师今而学古，以非当世，惑乱黔首"，说他们颂古非今，各尊私学，诽谤朝政，扰乱民心。李斯认为古代天下动乱，无法一统，招致诸侯并起，四海分裂，根源在于各种儒门学说和私学的存在，使人心不一。他建议秦始皇消灭私学，除《秦记》之外的史书一律烧毁；除秦博士官所藏《诗》、《书》、百家语等书外，都要将书交到所在郡，由郡守、尉监督烧毁；敢谈论《诗》、《书》的斩首弃市，以古非今的灭族；官吏看到、知道而不举报的，问罪；令下后30日内不烧毁该烧的书，处黥刑充为"城旦"，到边疆修筑长城4年；医药、卜筮、种树的书不在烧毁之列；若要学习法令的，以吏为师。秦始皇采纳了李斯建议，下令焚书。一时，大量文化典籍被付之一炬。次年，方士侯生、卢生因求仙药不得，两人议论讥讽秦始皇"刚愎自用"，"专任狱吏"，又指责他"乐以刑杀为威"、"意得欲从"、"贪于权势"，不值得为他求仙药，并相约逃跑。秦始皇得知后，非常愤怒，认为卢生等诽谤他，夸大他的过失，而且其他儒生也有妖言惑众之嫌。责令御史审问在咸阳的儒生。儒生们互相揭发，牵连出460多人。为昭示天下，以儆效尤，460多人全部被坑杀于咸阳。始皇长子扶苏对此做法有异议，也被令离开都城，去上郡（今陕西榆林东南）监蒙恬军。

秦始皇焚书坑儒，是秦代"师今"和"师古"两种政治思想斗争激化的表现。它的目的固然是为了加强政治思想统治，打击分裂势力，维护和巩固国家的统一。然而，采用这种残暴手段，不但造成了古代文化典籍的巨大损失，严重摧残了古代文明，而且也开了中国古代封建君主专制制度下专制主义最恶劣的先河。

## 秦始皇修建阿房宫骊山陵墓

秦始皇三十五年（前212），始皇以咸阳人多，先王留下的宫殿小为由，

秦阿房宫下水道

西安秦阿房宫遗址

命令在渭河以南的上林苑（今陕西西安西北三桥镇南）营建朝宫（皇宫正殿）。首先建造的是前殿阿房宫。

阿房宫殿堂，东西宽 500 步（秦制 6 尺为一步），南北长 50 丈，殿内可以容纳一万人。殿前建立 5 丈高的旗杆，宫前立有 12 尊铜人，各重 24 万斤。以磁石为门，有怀刃隐甲的人入宫，即被吸止。周围建阁道连通各宫室，其阁道又依地势上达南山（今陕西西安南）。在南山顶，建一宫阙，作为阿房宫的大门，又造复道，从阿房宫通达渭水北岸，连接咸阳，以此象征天极紫宫后十七星横越云汉，达于宫室（二十八宿之一）的天庭。

为修建这一庞大的宫殿，秦始皇下令征调隐宫（施宫刑之所。宫刑畏风，须入隐室，故名）罪人与刑徒七十余万分工劳作（其中一部分被派往修骊山陵墓），北山（今陕西礼泉、泾阳、三原与淳化境内）石料，蜀楚木材，源源不断地运到关中作建筑用。

阿房宫建制占地的范围，从咸阳以东到临潼，以西至于雍（今陕西凤翔南），以南抵于终南山，以北达于咸阳北坂，纵横300余里。此外，从咸阳到函谷关（今河南灵宝东南）以西，有朝宫300余所，函谷关以东400余所。众多的宫殿一律施以雕刻，涂以丹青，五光十色，五彩斑斓，极其富丽堂皇，气势也很雄伟。

阿房宫耗资极大，劳民伤财。到秦始皇死时，宫殿仍尚未落成，秦二世继续营建。不久后秦朝灭亡，到楚汉战争，项羽入关，烧秦宫室，火一连三月不熄灭，阿房宫随之化为灰烬。阿房宫这组秦朝最大的宫殿建筑群，从陆地上消失，留给后人的仅是遗址。

骊山始皇陵园自秦始皇三十五年（前212）也开始投入70万人加紧营建，陵东三大从葬坑中布列由步、车、骑诸兵种组成的宏大雄伟的兵马佣军阵。

# 秦始皇病死沙丘

秦绘画车马图。陕西咸阳秦三号宫殿遗址总计发现七套车马图象，每套四马一车。画中奔马前后腿张开并驰，造型生动。壁画内容为秦王出行时的车马仪仗之盛况。这是中国目前发现的最早的壁画。

秦始皇三十六年（前211），在东郡一带（今河南濮阳西南），有陨石从天而降。当地有人在陨石上刻出"始皇帝死而地分"的字迹。秦始皇知道后大怒，立即派人追查，最终无人承认。于是，秦始皇下令将陨石周围的居民全部捕杀，并烧毁了陨石。这之后，秦始皇仍然闷闷不乐，他令手下的官员作《仙真人诗》，为他歌功颂德、祈祝天年，并传令乐工谱曲歌唱，散发到巡视过的郡县，以镇不祥。这年秋天，始皇使者夜经华阴平舒（今陕西华阴西北）道，有人持璧拦路，对使者说："明年祖龙死。"说完，扔下璧而去。使者捧回玉璧向始皇详细报告。"祖"是开始的意思，"龙"为君主的象征，始皇一听，大为惶恐，赶紧占卜问卦，卦得"游徙吉"。于是迁移3万户人家到北河榆中（今陕西榆林），以应卜辞；又拜爵一级，来增添祥和的气氛。

秦始皇三十七年（前210）冬，始皇在东巡归途中，来到平原津（今山东德州南）时患病，7月病重，迁移到沙丘（今河北平乡东北）宫颐养。他的病情越来越严重，却又讳言"死"字，随行群臣谁都不敢提到死的事。始皇在病中勉强支撑写下玺书，赐公子扶苏，要他立刻赶回咸阳主持治丧葬礼。玺书写好后封存在中车府令赵高行符玺事署所，还没有来得及交给使者传送，始皇就死在沙丘平台。丞相李斯害怕国家发生变乱，于是严密封锁消息。始皇灵柩停在有窗的车内，日常膳食和百官奏事都和往日一样，除李斯外，只有胡亥、赵高和近幸宦官五六人知道始皇的死讯。赵高从小就被阉割作了宦官，深得始皇宠信，因为他精通狱法，被任命为中车府令。始皇在世时曾让他教胡亥断案，因此他与胡亥交情很深。他曾经犯法，蒙恬之弟蒙毅依法判他死罪，后来被始皇赦免，从此，赵高就与蒙氏兄弟结仇。始皇死后，赵高乘机与胡亥、李斯密谋，擅自开启密封的玺书，篡改始皇遗令，另立胡亥为太子，而赐扶苏和蒙恬死，史称"沙丘之变"。扶苏见到假诏后自杀，蒙恬疑心有诈，不肯自杀，被捕下狱后被迫服毒而死。这之后，赵高等人才下令发运灵车，当时正值盛夏，灵车中散出了阵阵尸臭，胡亥下令另载一石鲍鱼以掩盖气味，这样回到咸阳发丧。

太子胡亥在咸阳袭位，这就是秦二世皇帝。

## 秦式篆刻定形

篆刻，即刻印的通称。印章字体多用篆书，先写后刻，故称篆刻。篆刻为我国特有的传统艺术，春秋、战国时期已经流行。秦代篆刻印章多由印工

（秦）泠贤

（秦）上官郢

（秦）江去疾

（秦）锡突

（秦）杨鸣

（秦）泠贤

完成，已有较高艺术成就。秦代印章主要有官印、私印两种。秦代皇帝印称"玺"，官史或私人印称"印"，或称"章"。官印一般约二、三厘米见方，有的略长一些。私印多作长方形，方形的比较少，间有圆形、椭圆形的，还有两面印。印材主要有铜、玉。多凿款白文，铸印较少。其字数无定则，章法多变，整齐而不呆板，风格质朴苍秀。方印多加田字格，半通印（长方印）多加日字格。所以，秦印与汉印并为后世篆刻家所取法。

# 秦朝

209B.C. 秦二世皇帝元年

秦二世东巡。杀公子 12 人、公主 10 人，牵连死者甚多。

继造阿房宫。

征材士 5 万人屯卫咸阳。教射狗马禽兽，令郡县转菽粟刍蒿。

七月，陈胜、吴广起义于薪，称大楚；旋入陈，陈胜称王，号张楚。

九月，刘邦起兵于沛，称沛公。

项梁与兄子籍起兵于吴。田儋起兵于齐，称齐王。是岁，二世废卫君角为庶人。周初诸侯，卫为最后亡者。

208B.C. 秦二世二年

章邯破周文军，又东下，连破以陈胜为首之农民军。

陈胜御者庄贾杀陈胜，叛降于秦。赵王武臣为部下所杀，张耳等立赵歇为赵王。

项梁立楚怀王之孙名心者为楚王，仍号怀王。

章邯大破齐、楚、魏军，杀齐王儋，魏王咎自焚死。章邯大破楚军，项梁败死。

楚怀王自将诸军，使刘邦西攻秦，命宋义、项籍等北救赵。

二世杀李斯，夷三族。赵佗又侵瓯骆，安阳王败死，地遂入于佗。

儒家学者孔鲋卒（前 264 ~ ？）。

鲋字甲，孔子八世孙。兼通六艺。秦始皇焚书坑儒，他匿藏儒家经典《论语》、《尚书》、《孝经》等于壁中。陈胜起义后，与鲁地诸儒往归，被任为博士。陈胜失败，同死于陈（今河南淮阳）。旧传为其所著的《孔丛子》，实为后人伪托。

207B.C. 秦二世三年

十一月，项籍杀宋义，自为假上将军，渡河救赵，大破秦军；章邯引却，又为项籍所败，遂降。

刘邦连下所过城邑，八月入武关。

赵高杀二世，立二世兄子子婴，贬号为秦王。九月，秦王子婴杀赵高，夷三族。

刘邦破秦兵于蓝田。

音乐家屠门高约在秦统一后作《琴引》传世。

秦时，已有杂技百戏兴起。

## 陶仓模型开始出现

秦陶马

　　在战国大量流行的灰陶，至秦代后期工艺日臻成熟，不过与战国灰陶多仿礼器不同，秦代的灰陶器型多为日常生活用具，如鼎、壶、罐、瓮、盘、豆等，均厚重高大，具有浓厚的地方特色，尤为值得一提的是，这个时候还出现了一种模仿谷仓的陶器。

　　现今咸阳博物馆所藏的一件秦始皇陵出土的灰陶谷仓就是当时典型的产品。这种仿仓陶器整个外形呈圆矮状，由两部分构成：一为顶盖、二为仓身。顶盖形似斗笠，其面积大于仓围，上有成均匀辐射状的条纹斜向周边，表现

秦陶谷仓

了一种流动之美。在笠形顶盖下的仓身则显得稳静厚实，毫无受压抑之感。仓身中央有一小门，拉出小门则现出一个小仓口，仓口四周有框状修饰，仓门上有小小拉手；且仓门与仓身融合无间，并无突兀之感。总之，整个陶型谷仓动静相衬，外观浑然一体，充满生活情趣，颇逗人喜爱。这种陶仓模型自秦代首先出现以后，到汉以后便大量流行。它不仅体现了中国古代陶瓷技艺的高度发展，也从一个侧面反映了当时的人以"仓廪殷实"为理想的生活状况。

## 秦始皇下葬骊山

　　秦王嬴政统一六国，成为中国第一个中央集权封建大帝国的皇帝，在位
36 年（前 246~前 210），死后葬于骊山北麓。

骊山园 缶秦量器

陕西临潼秦始皇陵，公元前 210 年建成

　　始皇陵位于陕西临潼县东 5 公里的晏寨乡，南靠骊山，北临渭水，陵体平面呈长方形，底边东西 345 米，南北 350 米，高为 43 米，陵体四周有重墙相绕。分为内城和外城，内城周长 2.5 公里，外城周长约 6 公里，陵体位于内城正中偏南，除北面外，其余三面正对陵体中央设门。除整个陵体外，在陵北发现有大型寝殿和便殿的建筑群，陵西有烧窑，制石和堆放砖瓦材料及刑徒墓地，陵南为骊山，陵东为大型兵马俑坑。

　　始皇陵体基本沿用商以来的四出羡道木椁大墓形式，地面上的陵体高大方整，陵上种植草木，崇高若岭，予人一种庄重威严的感觉。自秦始皇陵起，奠定了中国封建帝王陵墓的以高为贵，以方为尊的总体格局。

　　自 1974 年起，在陵东开始挖掘出的闻名全世界的秦始皇兵马俑，数量大，类型多，形同真人大小且形态逼真，既反映了秦朝工匠的聪明才智及高超的艺术造诣，也揭示了始皇陵的规模宏大，劳民伤财（前后建 37 年，役使 72 万人力）与奢侈糜烂。兵马俑的出土也再现了当时秦军一统天下的强大军事实力。

震惊世界的第八奇迹：秦皇陵兵马俑

话说 中华文明

秦汉交替的时代

前 221 年，秦始皇建立秦朝。为了向后人炫耀他的歼灭六国，天下归一的盖世功勋，他在动工修建规模浩大的皇陵工程时，还修建了举世闻名的皇陵兵马俑坑。

兵马俑坑发现于 1974 年，有 1、2、3、4 号坑，均为规模巨大的土木结构建筑。

其中 4 号坑内是有坑无俑，可能是个未建成即被废弃的兵马俑坑。最大的是 1 号坑，平面长方形，面宽 9 间，四周绕以回廊，前有 5 个门道，总面积约 12600 平方米，6000 个兵马俑以及战车、步卒相间排列，呈长方形军阵；2 号坑总面积约 6000 平方米，内容为战车和骑、步兵混合编组的大型军阵；3 号坑面积最小，总面积约 520 平方米，有驷马漆绘的木质战车，和执殳的仪仗，象征军阵的指挥部。总之，从 1、2、3 号坑发掘的情况看，有武士俑 7000 个，驷马战车 100 余辆，战马 100 余匹。

　　兵马俑塑造了各种各样的秦军形象，有指挥官的将军，也有一般武士的步兵、骑兵、车兵、弓弩手等。形体高大魁梧，一般均在1.75米左右，指挥官身高在1.95米以上。很多将士手中握着真正的青铜兵器。造形生动、形象、逼真。其面相多数表情刚毅，昂扬奋发。五官位置准确，富于质感。陶俑细部的雕塑颇费匠心。以俑的发髻为例，发髻雕塑质感甚强，不仅蓬松，且走向清楚，形象逼真。陶俑身上的甲衣，也雕塑颇细，每片甲片上的甲钉和甲片之间连接的甲带等，类型分明。这些细节的精确表现，有利于烘托秦军装备精良、纪律严明、斗志高昂的精神状态。

　　据研究，兵马俑的制作，是先用泥做好内胎，再上一层细泥，然后在细泥上雕塑出俑的五官、衣纹等细微部分。俑的头、手、躯干都是分别制作然

后组合，细部加工完以后，送入窑烧制，最后进行彩绘。彩绘的颜色有朱红、粉红、绿、粉绿、紫、蓝、中黄、桔黄、灰、褐、黑、白等。眉目、须发呈黑色，面目、手足涂朱红色。

陶马和真马一般大，用于骑兵的战马高约1.72米，体长2.03米，剪鬃，备鞍，一看便知处于临战状态。驷马体型略小，筋骨起伏变化似真马一般。马头抬起，

秦汉交替的时代

耳前倾、双目大睁、鼻孔翕张，体现出战马静中有动的状态。陶马的制作和陶俑一样精工。

战车多为木质结构，因年长而朽毁，但从残存的遗迹中也可以看出其大概来。

秦皇陵兵马俑群，是昔日秦王朝强大国力和军威的象征。它集中体现了我国古代劳动人民高超的烧陶技巧和智慧。为后人研究秦史提供了丰富的原始资料。

# 秦代砖瓦辉煌

秦代砖瓦在历史上颇负盛名，其颜色青灰、质地坚硬、制作规整、浑厚朴实，形式多样的特点更是著称一世。

秦代的砖有空心砖、条形砖、长方形砖、五角形砖、拐子砖、券砖等，一般为模制。空心砖大多是长方形，作二、三级踏步用，

秦太阳云纹砖

纹饰有几何纹、龙纹、凤纹，也有素面。其余砖也各具特点。

秦代的瓦有板瓦、筒瓦、瓦脊、瓦当等。而尤以瓦当著名。瓦当是中国古代建筑檐头筒瓦前的遮挡。瓦当有半圆和圆形两种，有素面也有有纹饰的。其有纹饰的又有图案、图形瓦当两种。图案瓦当有动、植

秦花纹铺地砖

秦汉交替的时代

秦砖刻凤纹

秦砖刻神人骑凤图。陕西咸阳秦都一号宫殿建筑遗址出土。图在空心砖残片上，已不完整。上有一神人，正面戴山形帽，仅存上身左半。

秦十二字瓦当。这是咸阳故城出土的秦圆瓦当，上面印有"唯天降灵，延元万年，天下康宁"十二字。字体是李斯制订的秦标准小篆。

秦始皇陵大瓦当

秦双兽纹瓦当。秦代早期的瓦当多采用动物纹作为装饰，这件题为双兽纹的圆瓦当，印有双兽，两头一左一右，两身对向，却只有一颈，形象生动。

秦瓦当。咸阳、西安出土的大量瓦当，向人们叙说着昔日的建筑的规模。秦以动物画像瓦当为多，如鹿纹、四兽、鸿雁、夔凤等，反映了秦人祈福求祥的心理。

秦代砖刻上的青龙

秦代砖刻上的白虎

物图案，云纹、葵纹以及动、植物变形图案等。图像瓦当有特大的夔纹瓦当，一般的已由早期单一的动物如奔鹿、子母鹿、双虎、双獾、朱雀等发展成为组合对称的扇面状综合图象，在四个扇面上分别布置鹿、鸟、昆虫或云、虎、夔、龙等物。

秦代砖瓦上常有文字，已发现的多为瓦当文字，多作小篆，有纯文字，也有文字与图案相结合两种类型。其内容可分不同类型，如建筑题名，如羽阳宫所用的"羽阳千秋"。制作地题记，如在人名前冠以官名的"左司空、左司"以及"咸邑如倾，咸原婴"等在人名前冠以地名的。秦代砖瓦中的图案或文字对当时的地名、宫殿，官署、仓廪、陵墓、祠庙、苑囿的考订是很重要的依据，也历来为学术界所重视。

## 陈胜吴广大泽乡起义

二世元年（前209）七月，陈胜、吴广于大泽乡起义，反对秦朝统治。

陈胜（?~前208）字涉，阳城（今河南登封东南）人，家为雇农。吴广（?~前208）字叔、阳夏（今河南太康）人，贫苦农民出身。陈胜年青时，常受雇为人耕作，一次在田间劳作，他放下耒锸休息，心情怅憾，叹道："苟富贵，无想忘"（他日如得富贵，不会忘记今日在一起受苦的同伴）。同伴闻之不以为然，陈胜叹道："嗟乎，燕雀安知鸿鹄之志哉!"秦二世元年（前209）七月，征发闾左（秦时贫弱农户居闾里之左，富者居右）900人戍守渔阳（今北京密云），陈胜、吴广皆被征调，并为屯长，行至大泽乡（今安徽宿县东南刘村集），天降大雨，道路不通，预计无法按期到达，依照严酷的秦法，失期当斩。陈胜与吴广谋议：现在逃是死，若举大事也是死，都是死，为国事死不是更好吗？陈胜又说：天下苦秦久矣！现在若以我们900人，借用公子扶苏、项燕的名义，为天下首倡起事，必有无数人响应，吴广以为然。

陈胜吴广两人又巧设"鱼腹丹书"、"篝火狐鸣"制造起义舆论，声言"大楚兴，陈胜王"，并伺机杀死两名押送将尉，陈胜随即号令戍卒："各位都失期当斩，设若不斩，戍守死边的必有六七成；再说壮士不死则已，死就要成大名，王侯将相难道是天生的贵种吗？"900人异口同声，一举赞成举大事，于是筑坛

为盟，称大楚，陈胜自立为将军，吴广为都尉，首先攻下大泽乡，进而攻占蕲县及附近各县，中国历史上第一次大规模的农民起义就这样爆发了。

及攻占陈县（今河南淮阳）时，起义军拥有战车六七百辆、骑兵千余人，步兵数万人，魏国名士张耳、陈余逃匿在外，献计陈胜"遣人立亡国后，自为树党，为秦益致"。陈胜不听，乃自立为王，国号"张楚"，诸郡县之民苦秦苛法，"斩木为兵，揭竿为旗"，争杀长吏以应陈胜，农民起义达到高峰。

# 刘邦起兵于沛

秦二世年元年（前209）九月，刘邦在泗水沛郡（今江苏沛县）起兵，自称沛公。

刘邦（前256~195，一作前247~前195），字季，沛人，为人豪爽慷慨，不喜欢从事农家生产，经常应征至咸阳服徭役。一次在咸阳服役时，正好遇到秦始皇出行，为皇帝的威严所震动，不禁发出感叹："大丈夫就当如此！"

秦末陈胜，吴广大泽乡起义旧址

秦汉交替的时代

## 秦末农民战争图

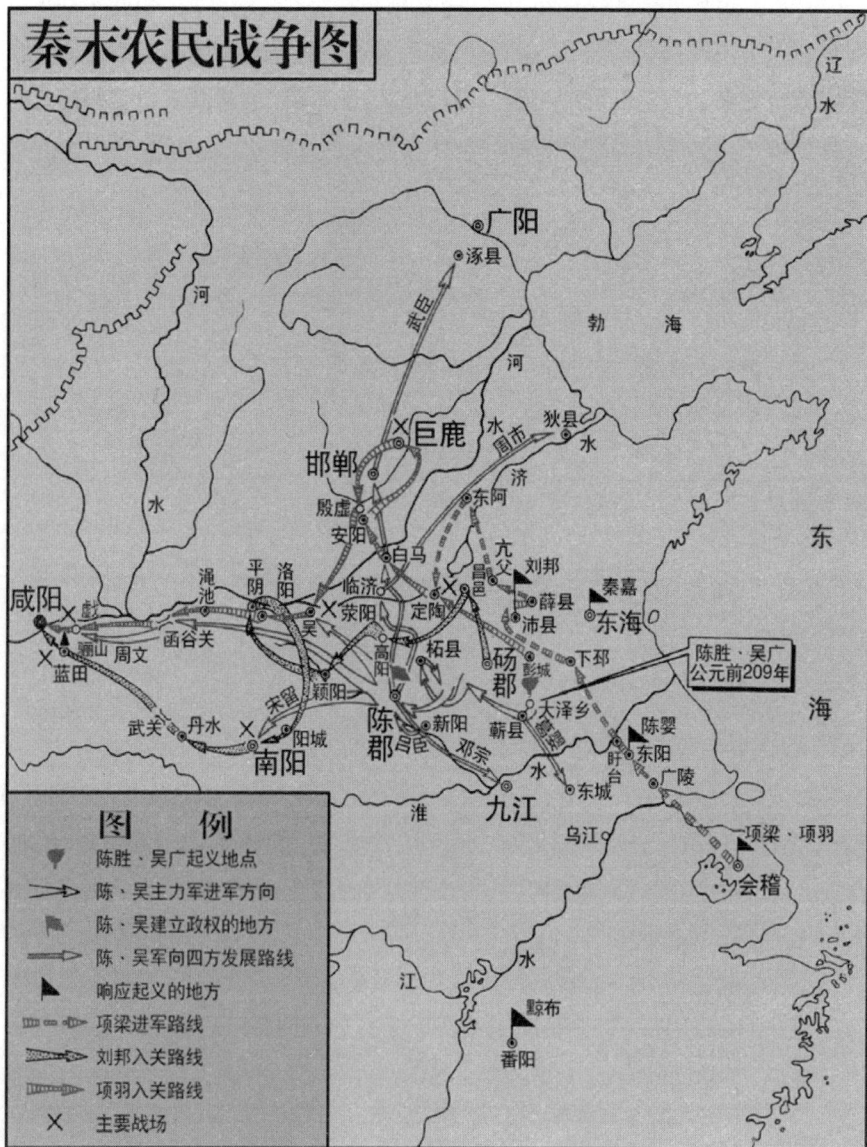

辽水

广阳

涿县

河

勃 海

河

东 海

巨鹿

邯郸

殷虚 安阳

狄县

水

济

东阿

白马

兖父 刘邦

滇池 平阴 洛阳

临济 荥阳

定陶

薛县 秦嘉

咸阳

彭

函谷关

吴 高阳

沛县 东海

骊山 周文

颍阳

柘县

砀郡

下邳

蓝田

末路

彭城

海

武关 丹水

阳城

陈郡 吕臣

新阳 邓宗

天泽乡

陈婴

东阳

南阳

蕲县

水

吁台

广陵

淮

东城

九江

乌江

项梁·项羽

会稽

江

水

黥布

番阳

陈胜·吴广
公元前209年

### 图 例

🔻 陈胜·吴广起义地点

➤ 陈、吴主力军进军方向

🚩 陈、吴建立政权的地方

➤ 陈、吴军向四方发展路线

▲ 响应起义的地方

⊳⊳⊳ 项梁进军路线

⧓⧓⧓ 刘邦入关路线

⧓⧓⧓ 项羽入关路线

✕ 主要战场

后来，他出任泗水亭长，一次为县廷押送役徒去骊山（今陕西临潼东南），途中很多役徒逃亡，刘邦无法阻拦，考虑到等到了骊山，役徒也就已经逃尽，自己不免获罪。于是，来到丰（今江苏丰县）西泽中亭时，刘邦趁黑夜把役徒全部释放；其中有 19 名壮士愿意跟随刘邦，一起藏匿于芒、砀（今安徽砀山东，芒山在其北）山泽之间。

秦二世六年，刘邦在沛吏萧何、曹参等支持下，杀死沛县县令，起兵响应陈胜吴广起义。收编步兵 2000 余人，自称为沛公，开始反秦。

## 陈胜、吴广被杀

陈胜、吴广领导的农民起义军在反秦的斗争中，内部的矛盾和弱点不断暴露出来。陈胜骄傲自大，听信谗言，诛杀故人，日益疏远起义群众，而有些将领争权夺利，导致自相残杀。

秦二世二年（前 208）十一月，起义军将领周文率军数十万人进抵戏（今陕西临潼东北），遭到秦二世大赦的骊山刑徒和奴隶的迎击，撤退到渑池（今河南渑池西）时，被秦将章邯打败，周文自杀。

同月，吴广率领军队攻打荥阳（今河南荥阳西），始终未能攻克。义军将领田臧与吴广意见不和，认为吴广攻不下荥阳，而且为人骄恣，又不谙军事，如不及时除掉，秦兵反扑，必然失败。于是田臧等人假托陈胜军令杀死吴广，并将首级献给陈胜，陈胜授田臧楚令尹印，晋升为上将军。

章邯解除荥阳的包围后，秦增派长史司马欣、都尉董翳协助抗击起义军，章邯进击陈（今河南淮阳）西路义军张贺军时，陈胜亲自督军应战，不幸失利，张贺战亡。十二月，陈胜前往汝阴（今安徽阜阳）督察军事后返回陈县，走到下城父（今安徽涡阳东南），被叛徒庄贾杀害，陈县失守。陈胜部将吕臣听说陈胜遇害，随即率领苍头军与秦军抗击，收复陈县，杀死庄贾，把陈胜埋葬在砀（今河南夏邑东南），谥为隐王。

陈胜、吴广虽然在起义不久即相继牺牲，使农民起义军遭受暂时的挫折，但各地起义军仍继续坚持斗争。他们发动的秦末农民大起义，在中国历史上开创了武装反对黑暗统治的传统，影响至为深远。

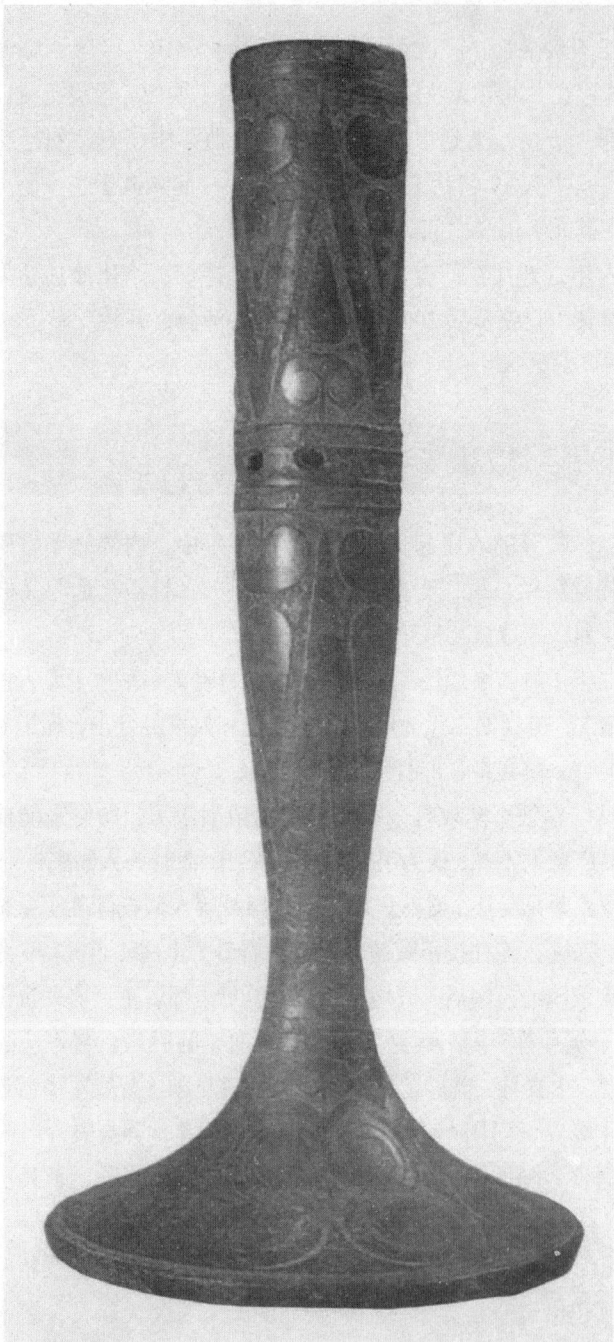

秦错金银灯座

# 李斯被腰斩

秦二世二年(前208)八月，丞相李斯遭赵高诬陷谋反，被腰斩，并诛灭三族。

自从陈胜、吴广起事后，各地义军此伏彼起。秦二世多次责问李斯，李斯只得曲意逢迎，上书二世行"督责之术"，用"轻罪重罚"和君主独断专行的方法来镇压百姓和臣下。在此政策下，横征暴敛的成了高明的官吏，杀人多的成了忠臣，路上都是被判了刑的人，死人堆叠在市井中。这时，秦二世听从郎中令赵高的建议，深居宫中，一切政事都由赵高决断。赵高与李斯有夙怨，赵高就趁机诬陷李斯想割地称王，又诬陷李斯之子三川郡守李由与义军私通。李斯听说后，上书说赵高"有邪佚之志，危反之行"，又与右丞相冯去疾、将军冯劫进谏秦二世，请求减轻赋役，停修阿房宫。秦二世非常生气，斥责李斯："盗贼接二连三起兵，你都不能制止，如今又要结束先帝做开的事，你是一不能报效先帝，二不能为我尽忠尽力，凭什么做你的官！"把李斯等三人下狱问罪。冯去疾、冯劫自杀，李斯想上书申辩，却被赵高扣下。赵高派人四处收捕李斯的宗族，又对李斯严刑拷打。李斯不堪酷刑，被迫认罪，于是被腰斩于咸阳，并夷灭三族。

李斯死后，秦二世任命赵高为丞相，事无大小，都由赵高决断。

# 项梁立楚怀王孙为王

秦二世二年（前208）六月，项梁立楚怀王之孙心为王。

陈胜部将召平得知陈胜兵败，就渡江至吴中，假托陈王之命，任命项梁为楚上柱国，命令他急速率兵西进击秦。项梁于是率江东8000子弟兵渡江西进，陈婴、英布、蒲将军等相继率部归附，项梁兵力达到六、七万人，进驻下邳。项梁认为，陈胜起义失败，不知到了哪里，而秦嘉背叛陈王立景驹是大逆不道，于是出兵击杀秦嘉，景驹逃走。

六月，项梁确知陈胜已死，便在薛召集起义将领议事，刘邦也应召前往。居鄛人范增这时年已70，善于出谋划策，他认为陈胜失败是因为他不立楚国的后代而立自己为王，引用楚南公的"楚虽三户，亡秦必楚"的说法，劝项梁立楚怀王的后代。项梁接受了他的建议，从民间找来楚怀王的孙子心立为王，仍称作楚怀王，以顺应民众的期望，定都于盱眙，拜陈婴为上柱国，项梁自封为武信君，并采纳张良的建议，立韩公子成为韩王，任命张良为司徒，和韩王一起率领1000多人占据西边的韩地。

## 赵高专权·指鹿为马

秦二世二年（前208）八月，由于秦二世的残暴统治，天下义军争相起兵灭秦，反而丞相李斯等人被二世疏远，宦官赵高越发专宠。赵高（?~前207），为人强悍，精通狱法，行事狡黠机敏，被秦始皇任命为中车府令。沙丘之变中，又为二世皇胡亥立下大功，被升为郎中令，拥有重权。他利用职权大量诛除异己，因为担心其他大臣上奏揭发自己，就劝二世深居禁宫，不必亲自坐朝听政，臣下有事来奏，只需由赵高自己和其他二世亲近之人密商后上奏。秦二世对此一一采纳，从此常居深宫，于是赵高独侍君侧，大权在握。

赵高自知权力大，想要检验朝官是否俯首听命，便在朝会时献上一只鹿，并指着它说是马。二世笑着说："丞相搞错了，把鹿当成马！"又问左右群臣是鹿是马，有人沉默不语，有人害怕赵高而回答是马，也有人则据实而言。事后赵高阴谋杀害了那些回答是鹿的人。从此，人人自危，没有人再敢说赵高有错。

这时，刘邦军队已攻克武关，关东大部分地区落入义军之手。赵高害怕二世责难，谎称有病不能上朝，暗中却密谋杀掉二世胡亥。赵高让其弟郎中令赵成作内应，诈称搜查贼人，派人率兵进入二世所住的望夷宫，秦二世问可否见赵高，答"不可"，问"愿为一郡王可否"，答"不可"；再问"愿为万户侯可否"，仍曰"不可"，最后问"愿与妻子为黔首可否"，还是不被应允，二世走投无路，只好自杀。赵高立二世兄子子婴，贬号为秦王。

# 巨鹿大战·项羽威震诸侯

秦二世三年（前207）十二月，项羽率军渡河，破釜沉舟，在巨鹿大败秦军，各路诸侯军都归顺项羽。

楚怀王派宋义为上将军，项羽为次将，范增为末将，率主力军去救赵。

项羽像

二世三年（前207）十月，宋义率军到达安阳（今河南安阳西南），停留46天不进。项羽建议迅速引兵渡河，赵、楚二军里应外合，出其不意，击败秦军，以解巨鹿之围。宋义贪生怕死，不同意项羽的战术，认为不妨先让秦、赵相斗，秦兵即使战胜也已疲劳，楚军趁势出击即可制胜，而秦兵若战败就更好，楚军不必北上，转而西进，乘关中之虚一举灭暴秦。因此他下令全军不准出击，违者一律斩首。当时正值天寒大雨，士卒饥寒交迫，而宋义却在军中饮酒作乐。项羽大怒，杀掉宋义，向全军宣布：宋义与齐国共谋反楚，楚王秘密命令：我消灭他！诸将被慑服，一致拥护项羽，共立项羽为假（代理）上将军。楚怀王知道后就即封项羽为上将军，挥师北进。

同年十二月，项羽先命英布、蒲将军领兵二万人横渡漳水河，截断秦军粮道，然后亲率全军渡河。渡河完毕，命令士兵沉船只、破釜甑，烧庐舍，只携带三日口粮，宣示全军死战，不求生还的决心。

当秦军围巨鹿时，赵将陈余率数万人驻守巨鹿城北，因为兵少而畏缩不敢迎击秦军。救赵的齐燕等诸侯兵共数万人，分十多个营垒屯驻在陈余军旁，无人敢派兵出战。及项羽率军进抵巨鹿，迅速出击秦军，楚军勇猛无比，莫不以一当十。战斗中诸侯将领都在自己营壁上观望，只见楚军杀敌勇猛异常，喊声震天，战斗激烈，诸侯军无不心惊肉跳。经过殊死血战，项羽率军终破20万秦军。结果大败秦军，生擒秦将王离，斩杀苏角。章邯带残兵败逃，退回棘厚（今巨鹿城南）。

战斗结束后，项羽召见诸侯将领，众将进入辕门时，个个跪行，不敢仰视。项羽从此威震诸侯，成为诸侯上将军，统领诸侯之兵。

巨鹿之战结束后，二世派人斥责章邯，章邯权衡利害，终于投降了项羽。

## 张良依附刘邦

张良，其祖先是韩国人，其大父、父五代为韩国相国。韩国灭亡后，张良为韩报仇，曾招力士谋刺秦始皇，未能成功，逃往下邳（今江苏宿迁西北），改名换姓，行侠仗义，度过十余年。得习《太公兵法》。秦二世元年（前209）秋，陈胜、吴广揭竿起义，反对秦王朝。张良获知，也在下邳聚结百余

秦木篦彩绘角抵图

人响应义军。次年正月，秦嘉得知陈胜军败，立景驹为楚王，驻在留县（今江苏沛县东南）。张良率众往留县，打算归附景驹。路上遇到准备去投靠景驹的沛公刘邦。沛公带领数千士兵，攻占了下邳以西地区。张良便率领所部少年投附，沛公拜张良为厩将（掌马之官）。张良用《太公兵法》为刘邦出谋划策，刘邦常常采用其策。张良便留在刘邦军中，帮助刘邦以成大业。

## 刘邦入关灭秦

秦二世二年（前208）闰九月，沛公刘邦奉楚怀

乐府钟。秦乐器

王之命，率兵西入函谷关（今河南录宝东南），伐灭秦朝。

早在同年七月，农民起义军进攻定陶（今山东定陶西北）失利，西进函谷关又受阻，楚怀王与诸将约定："先入定关中者王之。"由于刘邦待人宽厚，有长者之风，定能得关内百姓拥护，所以楚怀王命他收编陈王胜和项梁的散卒，率部西进入关。

十月，刘邦率军攻下成武，十二月领兵抵达栗（今河南夏邑）。第二年春二月，北击昌邑（今山东金乡西北）不克，但收编了来归顺的彭越及千余部众。刘邦转而率军过高阳（今河南杞县西）时，里监门郦食其求见。刘邦素来不喜欢儒术，如有儒生求见，就会抢去他们的帽子撒尿，郦食其求见时，刘邦正坐在床上让两个女子洗脚，郦食其长揖拜后，斥责刘邦对长者无礼，刘邦于是中止洗脚，请郦食其上座，虚心求教。他听从郦食其的计谋，避开秦兵的锋芒，首先攻取了交通要道陈留（今河南开封县东南），获得大批军粮供给。郦食其因此被刘邦封为广野君，他的弟弟郦商率数千人加入刘邦，被封为将。刘邦兵力更为壮大。

三月攻克白马后，刘邦又于四月进占颍川（今河南禹县）。张良率军在此地与刘邦合兵，刘邦留下韩王成守阳翟，自己与张良一同南进。七月，又得南阳（今河南南阳）郡守吕齮投降。一路上，刘邦势力日益壮大，在西进途中所向无敌，先后攻下丹水（今河南淅川西）、胡阳（今河南唐河湖阳镇）及析县（今河南西峡）等。八月，刘邦率数万大军攻克武关（今陕西商南南），屠城后挥师北上，直逼咸阳。

在义军紧逼的情势下，秦中丞相赵高惟恐二世迁怒，称病不朝。秦二世派人捉拿赵高问罪，赵高便与他的女婿咸阳令阎乐、他的弟弟赵成合谋杀了二世，命二世的侄子子婴斋戒五日，准备即王位。子婴了解赵高已与义军有密约，发兵在斋宫诱杀赵高，夷灭赵氏三族，并派兵扼守峣关（今陕西蓝田

秦咸阳一号宫殿遗址

秦咸阳一号宫殿遗址

东南），抗拒义军攻势。

　　这时，刘邦已经率领数万大军到达峣关南面。依照张良的计谋，义军在山上大量张插旗帜设疑兵之计，张扬声势，并派郦食其与陆贾劝秦将投降，同时，刘邦却带兵绕过峣关，翻越蒉山，突然袭击蓝田（今陕西蓝田西），大破南北两面的秦军，于是据守峣关的秦军全部瓦解。前106年，沛公刘邦进驻霸上（今陕西西安东），秦王子婴投降，秦王朝灭亡。

西汉

秦汉交替的时代

# 西汉

206B.C. 汉王刘邦元年

十月，刘邦至霸上，秦王子婴降，秦亡。十一月，刘邦与秦人约法三章。十二月，项籍率诸侯之军至新丰鸿门，继入咸阳，杀子婴，焚宫室。

正月，项籍尊楚怀王为义帝，徙之江南。二月，项籍自立为西楚霸王，并分封诸王。

四月，罢征秦之兵，诸王各就国。

项羽焚咸阳，阿房宫大火三月不止。

205B.C. 汉王刘邦二年

十月，项籍使人杀义帝于江。汉王刘邦出关。刘邦率诸侯兵攻楚，大败于彭城，诸侯多背汉。五月，刘邦至荥阳，与楚相持。秦博士及其弟子百余人归附刘邦。

204B.C. 汉王刘邦三年

四月，楚围刘邦于荥阳。五月，邦使韩王信等守荥阳，自与数骑逃至成皋。六月，项籍陷荥阳，俘韩王信，进围成皋，拔之。刘邦逃，派兵扼击，使楚不得西。

203B.C. 汉王刘邦四年

十月，韩信袭齐，陷临菑。十一月，韩信大破齐楚军，俘田广。刘邦破楚军，复取成皋，屯广武，与楚相持。项羽与刘邦约中分天下，以鸿沟为界，东属楚，西属汉。

202B.C. 汉高帝刘邦五年

十月，刘邦背约，追击项籍。十二月，项籍被围垓下，突围走乌江，自刎死。二月，刘邦即皇帝位于汜水之阳，是为汉太祖高皇帝；西都洛阳。

刘邦攻鲁，诸儒依附，今文经学开始。

207B.C.

罗马击败哈士多路巴军，斩哈士多路巴。汉尼拔退守布鲁提阿木。

204B.C.

罗马将军西庇阿帅师征迦太基，从征者三万人。

203B.C.

埃及托来美五世即王位（前 203 ~ 前 181）。

罗马将军西庇阿败迦太基军。迦太基政府不得已招汉尼拔入援。

202B.C.

罗马将军西庇阿与汉尼拔军战于迦太基以南之撒南城近郊，迦太基军败，汉尼拔仅以身免。

# 刘邦约法三章

汉元年（前206）十月，刘邦率军由蓝田（今陕西蓝田西）至霸上（今陕西西安东南）。秦王子婴乘素车、白马，以印绶系颈，封好秦皇帝的玺、符、节等，在轵道（今陕西西安东）旁向刘邦投降，至此，秦朝灭亡。于是，

刘邦进军关中

秦汉交替的时代

古汉台。古汉台位于汉中市的东南隅，是刘邦在汉中时的王宫。

刘邦向西进入咸阳，诸将争先进入金帛财物府库分占财物，只有萧何一人首先进入秦丞相府收缴图籍、文书、律令，并妥为保藏。刘邦由此掌握全国山川险要、郡县户口、民情疾苦等社会情况，为此后平定天下奠定了战略基础。此后刘邦听从樊哙、张良建议，将大军撤回霸上。十一月，刘邦在霸上召集各县父老豪杰开会，并当众宣布：父老乡亲遭受秦朝苛法残害已经很久了。我曾经和诸侯订立盟约，率先进入函谷关（今河南灵宝东南）的人就封为关中的统治者，因此理当由我统治关中。现在与各位父老约法三章，即"杀人者死，伤人及盗抵罪"。其余秦苛法一律废除。于是秦地百姓非常高兴，刘邦也因此奠定了民众基础。

## 项羽分封·自任西楚霸王

汉元年（前206）正月，项羽入关后，派人向楚怀王报告并请示封王事情。怀王坚持过去的盟约："率先进入并平定关中的为王"，任命刘邦统治关中。项羽对此气愤不已，于是名义上仍尊奉楚怀王为义帝，让他仍旧居住在盱眙（今江苏盱眙东北）。二月，项羽自立为西楚霸王，掌管梁、楚地方九郡，设都彭城（今江苏徐州）。并分封18个诸侯王。

项羽本来不想让刘邦为关中王，又担心违反背约之名，于是与范增策划说"巴、蜀地方道路险峻，秦朝被流放的人都居住蜀地，而且巴、蜀两地也地处关中。"因此封刘邦为汉王，统治巴、蜀、汉中等地，设都南郑（今陕西汉中）。并将关中一分为三，分封秦3个降将，借以阻挡汉王东向的通道：

章邯为雍王，掌管咸阳以西，设都废丘（今陕西兴平东南）；司马欣为塞王，掌管咸阳以东、黄河以西，设都栎阳（今陕西临潼东北）；董翳为翟王，掌管上郡，设都高奴（今陕西延安东北）。其余14个诸侯王为：申阳为河南王，统治河南郡，设都洛阳；司马卬为殷王，治理河内郡，设都朝歌（今河南淇县）；张耳为常山王，管理赵地，设都襄国（今河北邢台）；英布为九江王，设都六（今安徽六安）；吴芮为衡山王，设都邾（今湖北黄冈西北）；共敖为临江王，设都江陵（今属湖北）；臧荼为燕王，设都蓟（今北京市西南）；田都为齐王，设都临（今山东广饶旧临淄）；田安为济北王，设都博阳（今山东泰安北集坡）；

将魏王豹改封为西魏王，掌管河东郡，设都平阳（今山西临汾襄陵西）；将赵王歇改封为代王，设都代（今河北蔚县代王城）；将燕王韩广改封为辽东王，设都无终（今天津蓟县）；将齐王田市改封为胶东王，设都即墨（今山东平度古岘东南）；韩王成仍然为韩王，居住在原来都城阳翟（今河南禹州）。

## 鸿门宴

汉元年（前206）十一月，项羽在新安（今河南渑池千秋镇）活埋投降秦兵20万后，率军日夜兼程西进，逼近关中。当时，刘邦已占据关中，为对抗项羽，派兵扼守函谷关（今河南灵宝东南），并速调关中汉兵增援。十二月，项羽

"鸿门宴"遗址鸿门坂

率军至函谷关，见关门紧闭，又听说刘邦已平定关中，大怒。于是命令英布攻破函谷关，进兵至戏（今陕西临潼西北），准备讨伐刘邦。此时项羽拥兵40万，号称百万，驻扎新丰鸿门（今陕西临潼东的项王营），刘邦有兵10万，号称20万，安营灞上（今陕西西安东南）。项羽谋士范增劝说项羽立即攻击刘邦。项羽季父项伯与张良素有交情，当夜策马刘邦军中将范增的计谋密告张良，劝张良赶快逃避。张良将情况告诉刘邦。刘邦以祝寿为借口摆下酒宴，款待项伯，并与项伯结为姻亲，请项伯从中调解与项羽的矛盾，表明毫无背叛项羽的意思。项伯答应接受刘邦请求，并要求刘邦第二天亲自到鸿门与项羽和解。项伯连夜赶回鸿门向项羽报告刘邦真情，趁机劝说项羽，认为如果刘邦不先消灭关中秦兵，您怎么能进入关中？现在刘邦立有大功而您要讨伐他，是为不义；不如好好对待他。项羽认为项伯所说有理。第二天早晨，刘邦亲自到鸿门面见项羽，陈述实情，说有人中伤、挑拨关系，项羽说："这是你左司马曹无伤说的。"于是设宴招待刘邦。席间，范增三次举起所佩玉玦，示意项羽杀掉刘邦，项羽犹豫不决。范增于是指使项羽堂弟项庄来席前舞剑助兴，想乘机击杀刘邦。项伯见此情况后也拔剑起舞，并经常用自己身躯保护刘邦。张良也离席去叫樊哙。樊哙携带剑盾闯入军门，指责项羽要杀有功之人。刘邦借上厕所的机会，在樊哙等人的护卫下，由小路急忙返回灞上。并立即将曹无伤处死。

鸿门宴后不久，项羽率军向西进入咸阳，纵兵屠城，杀王子婴，火烧秦都城宫室，并挖掘秦始皇坟墓，收缴秦宫室珠宝财物，虏掠宫室妇女，令关中百姓大失所望。

## 韩信暗渡陈仓

汉元年（前206）四月，刘邦接受项羽分封，前往南郑（今陕西汉中）就任汉王位，项羽派兵3万人护从。楚军与诸侯军中仰慕刘邦声名的共数万人从杜（今陕西长安杜曲）向南进入子午谷，随刘邦进入汉中，张良送至褒中（今陕西沔县东）后和刘邦告别，并返回辅助韩王成。临别时，张良劝说刘邦烧绝所经过栈道（又名阁道，古代在山崖上架木为道以通行），以防诸侯偷袭，

秦汉交替的时代

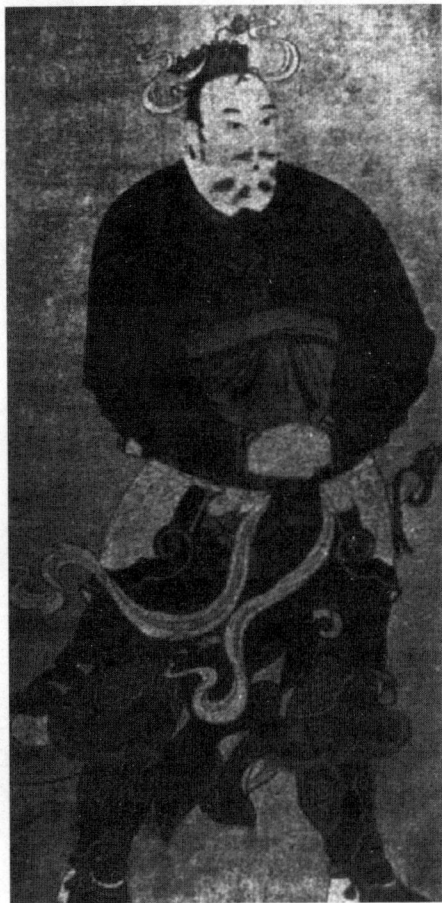

韩信像

并麻痹项羽，表示此去后没有再返回之意。韩信以前仗剑投奔项梁军，项梁兵败后归附项羽，曾多次向项羽献计，始终不被采纳，于是离开项羽出走，投奔刘邦。有一天，韩信违反军纪，按规定应当斩首，临刑时看见汉将夏侯婴，就问到："难道汉王不想得到天下吗，为什么要斩杀壮士？"夏侯婴以韩信所说不凡、相貌威武而下令释放，并将韩信推荐给刘邦，但未被重用。韩信多次与萧何谈论，为萧何所赏识。刘邦至南郑途中，韩信思量自己难以受到刘邦的重用，中途离去，被萧何发现后追回，萧何并多次向刘邦推荐韩信，称他是汉王争夺天下不能缺少的大将之材，应重用韩信。刘邦采纳萧何建议，七月，择选吉日，斋戒，设坛场，拜韩信为大将。于是韩信劝说刘邦抓住时机，利用将士锋芒正锐，向东出击以建大功，鼓动刘邦"决策东向，争权天下"。

刘邦听后很高兴，并采纳韩信计策，决心东进，夺取天下。同时在七月，项羽杀韩王成，张良逃离韩地，秘密经小路回到刘邦军中，刘邦封张良为成信侯，替自己出谋划策。八月，关东地区战火又起，项羽无暇西顾，刘邦想乘机占领关中，韩信为迷惑敌人，采取了"明修栈道、暗渡陈仓"的战术，先派兵在褒谷（今陕西沔县褒城镇北）、斜谷（今陕西眉县西南）一线假装修复栈道，虚张声势，迷惑敌人。实际上，韩信率汉军主力暗中由故道（今陕西凤翔西北）偷越陈仓（今陕西宝鸡市东），向雍王章邯发起突然袭击，连败章军。章邯退回废丘（雍都，今陕西兴平东南）。刘邦进入咸阳，率兵包围废丘，并分派诸

千佛崖蜀道。时过千年，昔日的古栈道仍是今日川陕公路的重要路段

将攻占秦地。此时，塞王司马欣、翟王董翳都见机向刘邦降。于是刘邦平定雍、塞、翟三秦地，占据关中，使之成为楚汉战争中与项羽争夺天下的后方基地。

## 楚汉相争·彭城大战项羽大败刘邦

汉元年（前206）八月，关东战火续起，刘邦也出兵关中，平定三秦地。汉二年（前205）十月，赵将陈余与齐相约联手攻击并驱逐常山王张耳，张耳兵败归附汉王。刘邦出关镇抚关外父老，河南王申阳投降，刘邦以他的领地设立河南郡。并让韩襄王孙信为韩太尉，率兵在阳城（今河南登封东南）进攻韩王郑昌（项羽所立），以扫除东进障碍，郑昌投降。十一月，刘邦立韩太尉信为韩王。汉二年正月，刘邦手下诸将攻克北地郡（今甘肃西峰东南），俘虏章邯弟章平。三月，刘邦由临晋（今陕西大荔朝邑）渡过黄河进入河东郡（今山西夏县西北），魏王豹投降。此后刘邦率军东进攻取河内郡（今河南武陟西南），活捉殷王司马卬，并以他的领地设立河内郡。此时刘邦汉军势力日益强盛。另外，汉二年十月，项羽暗中命令九江王英布、衡山王吴芮、临江王共敖等袭击义帝，并将义帝杀死在长江中。三月，刘邦至洛阳新城，采纳三老（官名，掌一乡之教化）董公建议为义帝发丧，并遣出使者向各路诸侯通报，要求大家协同作战，讨伐项羽。四月，刘邦率领五路诸侯（常山、河南、韩、魏、殷）联军共56万人，从洛阳出发，号召为义帝复仇，向东讨伐项羽。行至外黄（今河南杞县东），彭越率兵3万余人归附汉王。刘邦任命他为魏相国，命令他率兵平定梁王的领地。刘邦迅速进入彭城，接收项羽的物资、珠宝和美人，日日饮酒作乐。项羽闻讯，命令其部将留守齐地，自己率3万精兵南下向刘邦扑来。项羽从鲁（今山东曲阜）一路南下，越过胡陵（今山东鱼台东南）进军到彭城西郊的萧县（今安徽萧县西北），并于第二天早晨向刘邦汉军发起攻击，东逼彭城，至中午大破汉军。汉军溃败，拥挤仆倒跌入谷水、泗水，死伤10余万人。汉军南逃，项羽紧追不舍，至东濉水上，汉军跌入水中被淹死10余万人，竟阻断一河水流。适逢由西北方向突然刮起大风，飞沙走石，一时天昏地暗。楚军惊骇，阵脚大乱而溃散。刘邦乘机与几十名骑兵逃去。途中遇子刘盈（即后来的汉惠帝）、女鲁元公主，于是一同逃走。刘邦的父亲太公、母亲刘媪及妻子吕雉等则为项羽俘虏，作为人质。经此一战，诸侯再一次背叛汉王亲楚王。刘邦也因此而大伤元气，不得已由彭城退守下邑（今安徽砀山），渐渐收集失散和逃亡的士卒。五月，刘邦到荥阳，各路败军都来会集，此外又得到关中兵员补充，势力再次大振，于是和项羽楚军在京（今河南荥阳东南）、索（今荥阳）之间相持不下。

## 韩信背水一战

汉元年（前206）八月，韩信"明修栈道，暗渡陈仓"，一举平定三秦地。汉二年（前205）五月，魏王豹借口回魏都平阳（今山西临汾襄陵东北）探望母亲疾病之机背叛汉王而归附楚王。刘邦派郦食其前往劝他回心转意，

拜将台。陕西汉中市城南的"拜将台"，传说是刘邦拜韩信为大将军时所设之坛。

井陉古战场。河北省井陉县的古战场遗迹，历史上著名的"背水一战"，就发生在这里。

魏王豹拒绝。八月，刘邦以韩信为左丞相，与灌婴、曹参等协同攻击魏王豹，大败魏军。九月，韩信活捉魏王豹，平定魏地。后韩信派人请刘邦增兵 3 万人向北攻取燕、赵，向东进攻赵王，向南切断楚军后勤补给通道。刘邦同意，并命令张耳率军增援，与韩信合力向东进攻，并向北攻击赵、代。闰九月，韩信击破代军，活捉代相夏说。汉三年（前 204）十月，韩信、张耳率军数万越过太行山，向东攻击赵地。当时，赵王歇与赵军统帅成安君陈余在井陉口（又名土门关，在今河北井陉，为太行山八大隘口之一）聚集重兵，号称 20 万，想与韩信决战。广武君李左车建议从小路出兵消灭其辎重"以出奇制胜"，陈余不听。韩信知道情况后大喜，于是采用"置之死地而后生"的背水阵战术，率兵离井陉口 30 里地时停止进军。半夜时分，向部将发出出兵的命令，并首先挑选轻骑 2000 人，每人手持红旗，由小路顺着山边隐蔽前进，至赵军营壁附近待命。另派万人作为先锋进军至绵蔓水（在井陉境）东岸，背对着河水摆下战阵。天明，韩信竖大将旗鼓，向井陉口攻击。赵军一看，

立刻开壁门迎战。经长时间的激战后，韩信、张耳假装战败，向水上军逃跑，双方又展开激战。赵军见汉军背水而立，后无退路，于是倾巢出动猛攻汉军。此时，先行埋伏赵营附近的 2000 汉军轻骑立即驰入赵壁，将赵旗全数拔去并竖立起汉帜。汉军水上军因后无退路，拼力死战，赵军久战不下，想撤回大本营，突然发现赵壁上空汉帜招展，军心大乱。韩信指挥汉军趁势夹击，大破赵军。陈余也于泜水上为汉军所杀，赵王歇及李左车等都为汉军俘虏。此后，燕地望风而降。

## 楚汉相聚广武·划鸿沟为界

汉四年（前203）十月，刘邦与项羽相持于广武（今河南荥阳东北），项羽想与刘邦单独挑战，刘邦说"我宁愿斗智，不愿斗力"，并列数项羽十条罪状："羽负约，王我于汉，罪一；矫杀卿子冠军，罪二；救赵不报，而擅劫诸侯入关，罪三；烧秦宫室，掘始皇帝冢，私其财，罪四；杀秦降王子婴，罪五；诈坑秦子弟新安20万，罪六；王储将善地，而徙逐故主，罪七；出逐义帝，自都彭城，夺韩、梁地，罪八；使人阴杀义帝江南，罪九；

刘邦像

为政不平，主约不信，天下所不容，大逆无道，罪十。"项羽大怒，埋伏箭手射中刘邦胸口。刘邦由于伤重，因而驰入成皋。八月，楚汉两军相持在广武达3个月之久，项羽自知难以得到他人援助，粮草快要耗尽，韩信又进兵攻击，于是被迫与刘邦订立和约：以鸿沟（今荥阳东南）为界，中分天下，鸿沟以

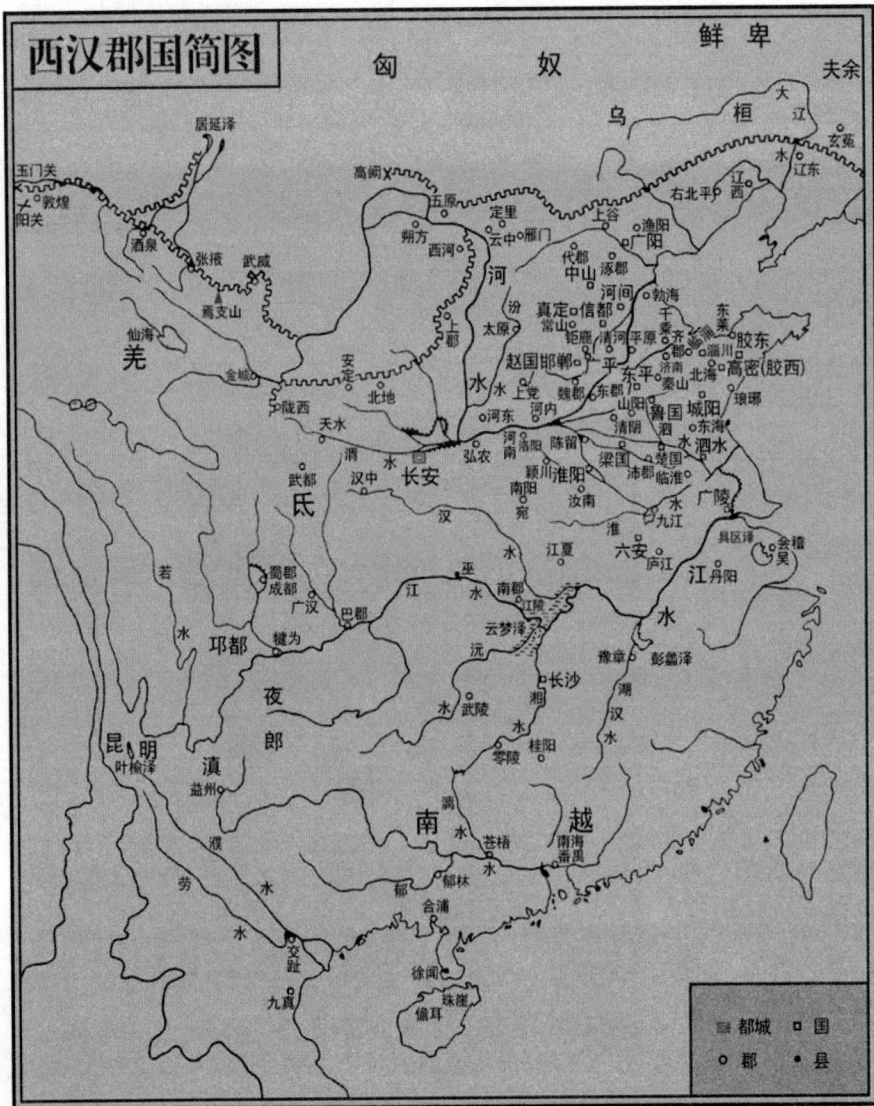

西汉郡国简图

西属汉，以东属楚。后项羽遵照和约，送还彭城大战后被俘而作为人质的太公、吕雉等刘邦家人，率军向东，返归原地。而刘邦谋臣张良、陈平等劝说刘邦乘楚军饥饿疲惫之机派兵追击。因此，鸿沟之约并未对汉军发生效力。

## 刘邦称帝

项羽兵败在乌江岸边自刎后，刘邦随即平定楚地，不久其他地方也渐渐投降归附。汉五年（前202）二月，诸侯王都上疏请求尊奉汉王为皇帝。刘邦于是在汜水（今山东曹县附近）之阳即皇帝位，成为西汉王朝的开国皇帝，这就是历史上的汉高祖。尊奉王后称皇后，太子称皇太子。刘邦称帝初期建都洛阳，不久迁都长安。

## 秦汉金属防腐蚀工艺领先世界二千年

陕西临潼秦始皇陵出土了大批青铜剑和青铜镞，有一层含铬的黑色致密层，它起着良好的保护作用，以致历时2000多年仍没有被腐蚀；在河北满城汉墓中也出土了相似的不锈青铜镞，经检验，防腐蚀方法与前者相同。这清楚地表明，该项防腐蚀技术在秦汉之际已得到广泛应用。这项技术现在被称为"扩散渗透"或"表面合金化"处理。它是用热扩散的方法，使耐腐蚀的金属或合金渗入基体金属表面，与基体金属形成固溶体或金属间化合物，这层耐蚀的表面称为渗镀层。具有耐蚀性能的渗入元素通常为锌、铝、铬等。这种金属镀铬的加工工艺，在德国是1937年，在美国是1950年方取得发明专利权，而我国则早在2000多年前就创造了类似的先进技术。另外，在江陵出土的勾践剑，是用硫或硫化物涂在表面，生成黑色硫化铜层，这与秦陵的黑色表层的工艺不同，这又是另一种古代的金属防腐蚀技术。

弩机与箭镞

## 项羽自刎乌江

　　汉四年(前203)八月,楚汉订立和约,以鸿沟为界。后项羽履约,率兵东归。而刘邦则采纳张良、陈平建议,乘势追击楚军,由此开始了刘邦对项羽的歼灭战。经过数次胜负战斗,至汉高祖五年(前202)十二月,刘邦部将韩信率30万汉军和诸侯联军,将项羽的10万军队紧紧包围在垓下(今安徽灵璧东南)。此时项羽兵少粮尽,士气低落,与汉军接战不能取胜,无奈只得退入营壁。到了夜间,四面汉军都唱起楚歌,瓦解项羽的军心,10万楚军最后逃得只

乌江渡口

剩下了数千人。项羽听见四面楚歌，以为汉军已经全部占领了楚地，于是陷入绝望。半夜在帐中饮酒，情怀悲凉，不由地对着爱姬虞姬慷慨悲歌："力拔山兮气盖世，时不利兮骓不逝！骓不逝兮可奈何，虞兮虞兮奈若何！"高歌数遍。虞姬唱和，随后自杀死。于是项羽乘乌骓马率800精骑趁夜突围南逃。天明，韩信命令灌婴率5000骑兵追赶。项羽渡淮河，跟从者仅百余人，至阴陵（今安徽和县北）迷失道路，向一田夫打探，田夫欺哄说往左去，不料竟陷入沼泽中，为汉军追上。不得已，项羽又率兵向东逃到东城（今安徽定远东南），这时身边仅剩骑兵28名。项羽自料难以逃脱，于是仰天长叹，认为是上天要灭亡他，而并不是战争之罪，于是策马大呼，飞驰而上，斩杀汉兵上百人，最后退到乌江（今安徽和县东北），准备渡江返回江东。当时乌江亭长在江岸边备好渡船，只是项羽自己无颜见江东父老，在斩杀汉追兵数百人后举剑自刎，年仅31岁。

秦汉交替的时代

## 无名氏撰《三略》

西汉彩绘陶射俑

秦汉之际，无名氏撰写《三略》，又称《黄公石记》、《黄公石三略》。

《三略》全书共3800字，从政治与军事上论述战胜攻取。由于其精辟独到的见地与分析，得到各朝统治者的重视与青睐，曾被钦定为"武经七书"之一。

所谓的《三略》，是指上、中、下三卷韬略，"上略设礼

赏，别奸雄，著成败；中略差德行，审权变；下略陈道德，察安危，明贼贤之咎"。全书主要有以下几方面的独到见解：

首先，论述军事问题主要从战略入手，包括政治战略与军事战略，而其中又以政治战略为主。在政治上，它强调以"道"、"德"、"仁"、"义"、"礼"治国，要求明君能收揽人心，重视民心之向背。在军事上，要控制战略要地，也就是控制对战争全局有决定意义的地区或地形。

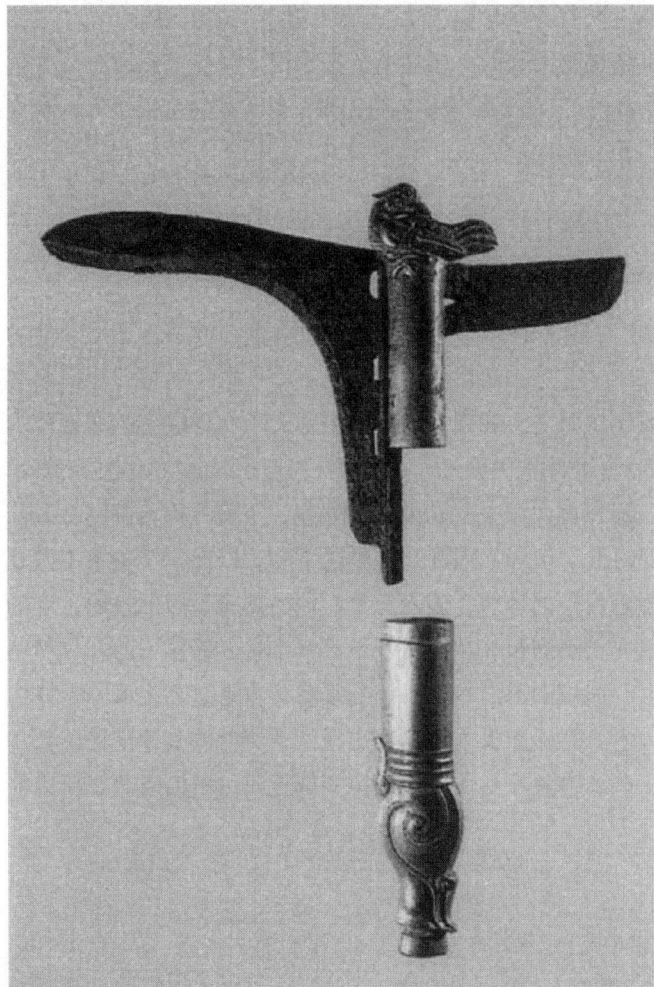

其次，阐述治军之道，强调正确认识将帅与士卒的关系。《三略》指出：指挥军队靠将帅，但冲锋陷阵却要靠士卒，两者是战胜敌人的两个不可或缺的因素。在正确认识将士关系的基础上，《三略》还提出作为将帅所必须具备的素质，即"能清、能静、能平、能整、能进谏、能听讼、能纳人、能采言"八条品德标准和"能知国俗、能图山川、能夷险难、能制军权"的四条知识与才

金镦戈

**101**

能标准。而对于君主的选拔将帅，《三略》则认为一要做到任人唯贤，二要充分发挥将帅的优点和长处，人尽其才，用人所长。

最后，《三略》又讨论了君主驾驭将帅的方法及手段。在战争年代，要使将帅在指挥军队时具有绝对的自主权与决断权。将帅要有充分的能力在关键时刻机动行事，而不受君主的限制，同时君主也不要随时干扰及动摇将帅的作战意图和战略布署；在和平年代，对于战功卓著的将帅，则要架空其实力，夺取其兵权，再赐予美女珍宝，使其斗志涣散，以消除其对君主的隐患。这一点是当时历史社会条件下的特定产物，是《三略》的消极成分。

总之，《三略》是我国古代的著名兵书，其中很多观点直到现在对军队的建设仍具有指导性的意义。但不可避免地也出现一些封建社会的消极因素。

## 田横自刎

汉五年（前202）二月，刘邦称帝后，齐王田横担心被杀，于是和他的部属500余人逃入海岛。五月，刘邦认为田横兄弟本来平定齐地，深得齐国百姓拥护，现在他居住在海岛，如果不尽早收服他，担心日后会激成变乱。于是派人召田横回朝，并免除他的罪过。田横却认为自己以前与汉关系不好，不肯接受刘邦诏令。刘邦再次派人去劝说田横回朝，田横只得与部属2人前往洛阳。快到洛阳的时候，田横又因为自己是阶下囚，以前与汉关系不好及汉高祖刘邦只不过想看看他的容貌，因而自刎。他的部属手捧田横的首级随刘邦的使者一起将情况上奏高祖。高祖感叹不已，于是以诸侯王的礼仪将田横安葬。葬礼完成后，田横的部属也在田横的坟墓旁自杀。高祖大惊，认为田横门客都是贤能人士，并立即派人去征召田横留在海岛的其他部属。部属在得知田横死讯后，全体自杀。由此，汉高祖刘邦更明白田横兄弟之所以能得到人材的原因。

# 西汉

201 ～ 200B.C.

201B.C. 汉高帝六年

十二月，黜楚王韩信为淮阴侯。大封功臣。正月，大封同姓。九月，韩王信降匈奴；匈奴冒顿单于侵太原，至晋阳。叔孙通定朝仪成，作《汉仪》十二篇。

200B.C. 汉高帝七年

高帝自将击韩王信，信败走匈奴。高帝追匈奴兵至平城，被围七日。十二月，匈奴攻代。二月，始迁都长安。

长乐宫在长安落成，初行朝仪。萧何继续主持营筑未央宫。两宫同为西汉长安主要的宫殿园林建筑群，后续有增建，至武帝时未央宫有台殿四十三、池十三、山六、门闼九十五，外围周长达七十里。以长乐、未央宫为主体建筑的汉长安城初具规模。

秦汉之际滑稽表演艺术家优旃约卒于是年前后。

前二世纪左右，《周髀算经》成书，为古代重要科学著作之一。

201B.C.

叙利亚与埃及间之第五次叙利亚战争开始（前201～前195），叙利亚夺回沿海之地与小亚细亚南部。

迦太基接受罗马之讲和条件：将在西班牙与地中海之属地皆割于罗马，将西法克斯国改属于罗马之盟国米西尼萨，迦太基每年向罗马交纳二百达伦之年贡，以五十年为期。

200B.C.

罗马第二次对马其顿战争（前200～前197）。希腊雅典、罗兹、波迦那木诸邦（伊托利亚联盟）受马其顿威胁，乞援于罗马，罗马亦患马其顿日益强大，并因其曾助迦太基，对马其顿宣战，战争继续三年。

希腊史家波里比阿生于是年左右（前200？～前120？）。波里比阿著前220～前146年间希腊诸国史。

著名的罗塞塔石刻成。

**103**

# 刘邦分封同姓王

汉高祖六年（前201）正月，刘邦大封同姓诸侯王以镇抚天下。

西汉初年，出于政治上和军事上的需要，在郡县制外刘邦分封了一批异姓王国，如封韩王信为韩王、彭越为梁王；改封原齐王韩信为楚王、衡山王吴芮为长沙王、九江王英布为淮南王、张耳之子张敖袭为赵王；初封臧荼为燕王，后改封卢绾为燕王等。但刘邦对他们并不放心，因为他们是异姓，是刘汉天下的割据分裂因素，因此，刘邦想方设法剪除异姓

"汉并天下"瓦当。汉高祖刘邦初定天下时所造。汉代宫廷、官署等使用的建筑瓦当，多刻文字，并形成了一种独具风格的瓦当文。

王，以同姓子弟为王来取代他们。首先以企图谋反罪逮捕韩信，将其贬为淮阴侯。接着又以谋反罪诛杀彭越，并率兵征伐英布，逼使韩王信、卢绾投奔匈奴。尔后以谋反罪废除赵王张敖改任为宣平侯。这样，除国小势弱的长沙王吴芮外，异姓王皆被消灭。随即刘邦以天下刚刚平定，儿子幼小，兄弟少，在讨伐秦朝的战争中又有阵亡等为借口而分封同姓诸侯王以统治关东地区。当时将楚王韩信的封地一分为二，划分为两个诸侯国：任命从兄、将军刘贾为荆王来统治淮河以东53县；任命弟、文信君刘交为楚王以统治薛郡、东海、彭城等36县。又以云中、雁门、代郡等53县立兄、宜信侯刘喜为代王；以胶东、胶西、济北、博阳、城阳郡73县立微服私访时与别人所生之子刘肥为

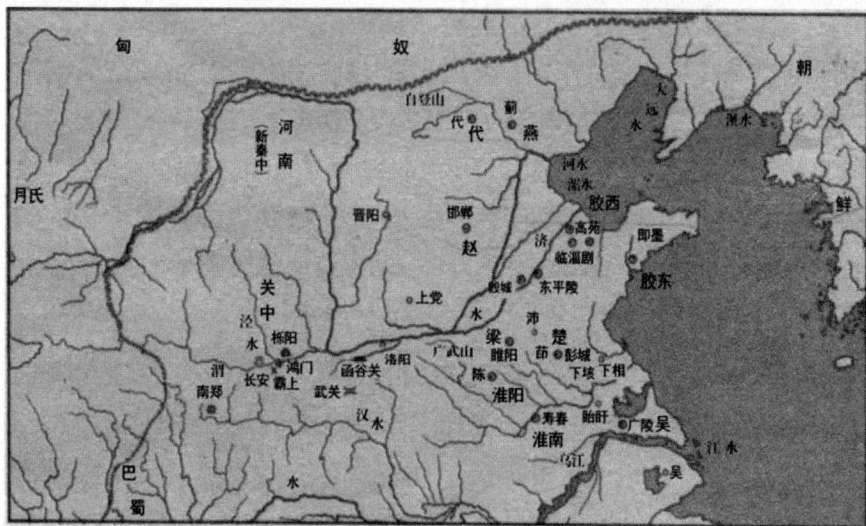

汉初封建图

齐王。同时与众大臣订立盟约，规定今后凡不是刘氏而称王，天下共同征讨。此后刘邦还立刘长为淮南王、刘建为燕王、刘如意为赵王、刘恢为梁王、刘友为淮阳王、刘恒为代王、刘濞为吴王等。到高祖十二年（前195），刘邦共封刘姓11人为诸侯王。虽然大封刘姓为王加强了中央对地方的控制，但是也为日后诸侯王的叛乱奠定了物质基础。

## 韩信被贬

韩信辅助刘邦夺取天下，因战功显赫被封为齐王，掌握重兵。刘邦一直对其怀有疑忌，楚汉战争一结束即改封韩信为楚王。韩信到封国后，经常到县乡体察民情，并随带士卒，因此被人上告有谋反之心。汉高祖六年（前201）十二月，刘邦用伪游云梦之计逮捕韩信。将他带到洛阳后又释放，并将他贬为淮阴侯。韩信被贬后居住在都城长安，知道刘邦对他有猜忌之心，因此假称身体不好，不参加朝廷活动，心中怏怏不乐。有一天，刘邦与韩信探讨用兵之道。韩信认为自己统帅军队多多益善，刘邦率兵最多10万。刘邦听

后笑着说，既然如此，你又怎么会让我捉住？韩信回答说，陛下不擅长率兵但擅长统帅将领，所以我会被捉住。像陛下这样的率将本领是上天所赋予的，而不是人力所能够做到的。刘邦听后很高兴。

## 独轮车见于使用

早在西汉时期，独轮车就已在我国开始使用。独轮车又叫"鹿车"，现在四川称之为"鸡公车"，江南一带叫"羊角车"。它的特点是中间只有一个车轮，由一个人推动，既可坐人又可载物，在平原、山地或狭窄的路上都可以使用，比人力担挑、畜力驮载运输能量都大几倍，用起来省力又方便。在西汉刘向著的《孝子图》上，可以看到孝子董永所推的就是这种独轮车。四川成都扬子山汉墓的画像石、四川渠县燕家村、蒲家湾汉代石阙上都有独

酒肆画像砖（局部）。此画像砖运用浅浮雕手法，刻画一推独轮车人物形象。

轮车的形象。三国时代，诸葛亮曾制造的"木牛流马"是一种更加先进的独轮车，

骖车过桥画像砖。此画像砖左边大部分浮雕一木构拱桥，桥上二人乘一骖车。汉代称三马驾驭的车为"骖车"，乘车主人一般具有大夫以上身份。此砖画面采用了透视法，增强了深度和立体感。

并用车在"难于上青天"的蜀道上运粮。

独轮车在当时是一种既经济又运用广泛的交通工具，在人类交通史上是一项非常重要的发明。直到现在我国农村特别是山区仍有使用这种车子。日本科学家认为中国发明的独轮车是自行车的始祖。西方科学家说："独轮车虽然简单，却是一种全新的发明。"欧洲直到13世纪才出现了独轮车，这种车在建造中世纪大教堂时发挥了很大的作用，但比我国使用独轮车晚了1000多年。

## 汉初休养生息

汉高祖五年（前202）五月，刘邦采取了一系列旨在恢复经济的"休养生息"的政策和措施，以谋求解决政权建立之初濒临崩溃的经济情况。

秦朝末年，由于统治阶级大肆挥霍，社会经济已到了面临崩溃的地步，

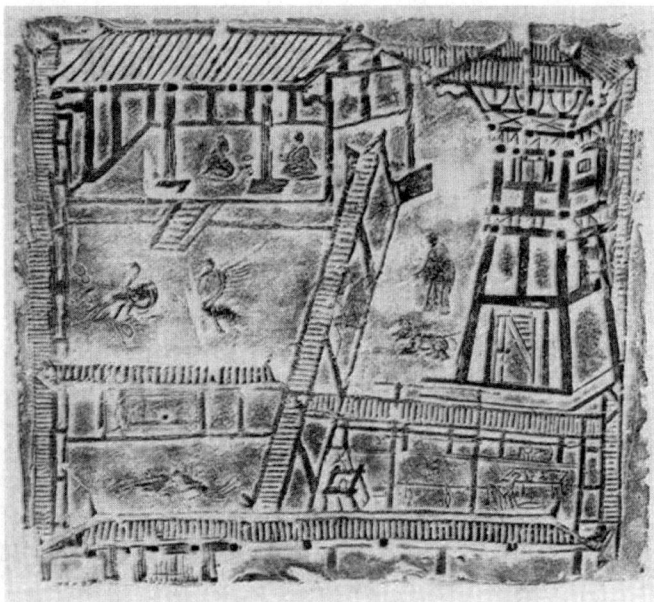

庭院画像砖

又经陈胜、吴广起义和历经数年的楚汉战争与诸侯混战的影响，汉朝初年，社会经济形势更加严峻。人口锐减，生产凋蔽，物资匮乏，物价飞涨，米价1石达万钱，马价1匹百万钱。"即使是皇帝也不能具备毛色纯一的四匹马驾车，而且将军、丞相中有的只能乘牛车，百姓缺食少衣，嗷嗷待哺"，此是汉初社会经济的真实写照。有鉴于此，刘邦乃采取了一系列的政策和措施，力求社会的稳定和经济的恢复与发展，如：下令解散大量军队，让士兵回乡务农；入关灭秦的关东人愿留关中的免徭役12年，回关东的免徭役6年；军中吏卒无爵或在大夫以下的，一律进爵为大夫；大夫以上的皆免除本人及全家徭赋；爵在士大夫以上的，首先给予田地和住宅，并给以若干户租税的封赏，称"食邑"，让在战乱中流亡山泽的百姓各自返回故乡，恢复原来的爵号和田

汉代养老画像砖

108

地住宅；因饥饿而自卖身为奴婢的一律免为庶人；商人不得穿丝、携带兵器、乘车骑马，不允许做官，并加倍征收其租税；减轻田租为十五税一；令萧何制定《九章律》以代替临时颁行的约法三章；命陆贾著书论说秦失天下的原因，形成汉初"黄老无为"的政治思想，对匈奴采取"和亲"政策，力求边境地区暂时的缓和与安宁等等。

刘邦采取的这一系列休养生息的政策和措施，取得了良好的社会效果和经济效益，为汉朝初年经济的恢复发展奠定了良好的基础。

## 长乐宫落成

汉高祖七年（前 200）十月，长乐宫落成，并在其中举行朝廷礼仪。

长乐宫原为秦兴乐宫，汉高祖五年（前 202）九月改建，至七年完成。长乐宫方圆 10 公里，内有鸿台、临华殿、温室殿、信宫、长秋殿、永寿殿、永宁殿、钟室等建筑，是西汉时期规模最大的宫殿建筑群，遗址在今陕西西安市西北郊。近年考古发掘结果表明，长乐宫宫墙东西长约 2900 米，南北宽约 2300 米，

汉代明堂辟雍遗址模型

**109**

汉城遗址

面积差不多占汉长安城的四分之一。

　　刘邦平定天下之初，将秦朝繁杂的礼仪全部废除，一切礼仪从简，群臣饮酒争功，有的人醉酒后大声吵嚷，拔剑击柱，无所顾忌。刘邦为此忧郁不已。博士叔孙通乘机向刘邦建议，认为有知识、懂礼乐的人虽然难与其同进取但可与其共守成，并表示愿意征鲁国诸生与他的弟子共同制定朝廷礼仪。刘邦接受了他的建议，并要求简单实用、容易领会和推行，于是叔孙通召集鲁国诸生3000余人和刘邦身边学习礼仪的人及其弟子百余人制定礼仪，并在野外反复演练。一个月后，礼仪制定完成，刘邦看后很满意，随即下令群臣

学习礼仪。高祖七年十月长乐宫落成，开始正式采用汉代朝廷礼仪。由主管人员主持，功臣、列侯、将军、军吏按顺序排列殿堂西侧，脸朝东，文官以丞相为首，按顺序排列于殿堂东侧，脸朝西；从诸侯王以下至吏六百石，按次序向刘邦请安庆贺，人人都严肃恭敬，次序井然有礼。行礼后又设置法酒，酒过九巡而止。凡有不符合仪礼的人都为执法御史带走。自始至终，没有人敢喧哗失礼，对此刘邦慨叹说："直到今日我才知道作为皇帝的尊贵。"于是任命叔孙通为太常。

# 刘邦被围白登

汉高祖七年（前 200）十月，刘邦被匈奴王冒顿围困于白登山。

汉朝初年，匈奴冒顿单于不断攻扰汉朝北方郡县。汉高祖七年九月，匈奴冒顿大军将汉楚王韩王信包围在马邑（今山西朔县西北），韩王信派人向冒顿求和遭刘邦疑忌。韩王信担心被杀，于是以马邑向匈奴投降。匈奴冒顿得到韩王信帮助，率军向南越过句注，围攻晋阳（今山西太原）。刘邦亲率大军北伐韩王信，击破其军，韩王信逃到匈奴。当时，刘邦听说冒顿在代谷（今山西繁峙西北）驻扎，想攻击他。于是先派人侦察冒顿虚实。而冒顿将其精锐士兵、肥牛马等隐藏起来，仅以老弱之人和瘦弱牧畜引诱汉朝军队。刘邦不知是计，将汉兵 32 万全部派出北击匈奴，并不听刘敬的有关敌情报告，亲率先头部队前进到平城（今山西大同东），被冒顿 40 万精锐骑兵围困在白登山（今山西大同东北）达 7 天之久，汉军里外不能相救。后刘邦听从陈平计策，用重金贿赂冒顿的阏氏（相当于汉皇后），才得以突围，到平城与汉朝大军相会合。此后，冒顿率军离去，刘邦也罢兵退回长安。经此一役，刘邦认识到仅以武力手段解决与匈奴的争端的条件还不成熟，因此在此后的相当一段时期里，采取"和亲"政策便成为汉笼络匈奴、维护边境安宁的主要手段。

约 199 ~ 191B.C.

# 西汉

199B.C. 汉高帝八年

十月，高帝击韩王信残部于东垣。

196B.C. 汉高帝九年

冬，使娄敬往匈奴和亲。十一月，迁齐楚大族及豪杰于关中，凡十余万口。田何开创今文易学。

197B.C. 汉高帝十年

九月，代相陈豨勾结匈奴自立为代王，高帝自将击之。

张苍议定任用颛顼历，崇水德，尚黑。

196B.C. 汉高帝十一年

正月，杀韩信，夷三族。三月，杀彭越，夷三族。五月，立赵佗为南越王。七月，英布起兵反汉，高帝自将击之。

195B.C. 汉高帝十二年

十月，英布败死。二月，使樊哙击卢绾，绾亡入匈奴。立越王南武侯织为南海王。四月，高帝死，皇太子盈嗣位，是为孝惠皇帝。

刘邦在沛亲自击筑吟唱《大风歌》，《大风歌》与项羽《垓下曲》同为楚声，汉初，楚声（南方韵）流行。

西汉始设兰台，实具皇家图书馆性质，以御史中丞专掌宫廷图书。

194B.C. 汉孝惠皇帝刘盈元年

正月，始筑长安城。

燕人卫满约于是年率千余人，为避逃入匈奴的燕王卢绾的压迫，度坝水（今朝鲜清川江）抵朝鲜，是汉朝间最早的大规模移民。

198B.C.

皮克特的《罗马史》发表。

196B.C.

马其顿被迫与罗马讲和，承认希腊各邦独立；纳赔款一千达伦，十年偿清；放弃在亚洲占领之城市与领土。

192B.C.

叙利亚与罗马战（前192 ~ 前189）。罗马军入小亚细亚，败安提俄古三世。叙利亚舰队全部丧失，退出小亚细亚，向罗马赔偿巨款以和。

# 汉与匈奴和亲

汉高祖八年
（前199）九月，
刘敬向刘邦建议
与匈奴和亲，以
求边境安宁。

汉高祖七年
（前200），刘
邦被匈奴击败于
平城白登山，楚
王韩王信投降匈
奴。匈奴冒顿单
于兵强马壮，有
精锐骑兵40万，
不断侵扰汉朝北
部边境。高祖刘
邦深以为患，向
刘敬询问对策。

"单于和亲"瓦当。是西汉与匈奴通过婚嫁达到政治联姻的实物见证。

刘敬认为汉天下初定，师劳兵疲，不能以武力征服，而应从长计议，设法
让单于的子孙俯首称臣。他于是提出采取"和亲"政策，建议刘邦以嫡长
公主嫁于匈奴，作为单于的阏氏（相当汉朝的皇后），认为如生子必为太
子，以后可以代立为单于。现在冒顿在世，是汉家的子婿，他死后儿子做
单于，是汉家的外孙，外孙自然不会与外祖分庭抗礼。这样用不着征战就
可使匈奴称臣。刘邦深以为然，准备派遣长公主前往匈奴。吕后知道后为
此日夜哭泣，因为她只有一子一女，不愿长公主远去匈奴，高祖无奈，只

好于高祖九年（前198）冬，派刘敬前往匈奴，以"家人子"（汉宫人名号）冒充长公主嫁给冒顿单于，并约定每年进奉匈奴絮缯酒食各若干，约为兄弟，缔结和亲之约。这是汉匈之间第一次和亲。并开放汉与匈奴之间的关市。由此汉北部边境逐渐安宁。此后，汉惠、文、景诸帝时又各遣宗室女或公主与匈奴单于联姻。

## 赵佗立为南越王

汉高祖十一年（前196）五月，刘邦立赵佗为南越王。南越向汉朝称臣。

南越之地本是秦朝的郡县，越、汉杂居。秦末，秦龙川令赵佗行南海尉事，占据岭南，绝道聚兵自守，自立为南越王。赵佗依靠汉越地主贵族，采用秦和汉初的政治制度，进行统治。他治理南越很有条理，秦时由中原谪徙岭南的居民，在战乱中得以少受损害，而越人各部彼此攻击的习俗，也大有改变，在一定的时期内起了保境安民的作用。

汉高祖十一年（前196）五月，天下已定，刘邦派陆贾出使南越，赵佗傲慢无礼。对此，陆贾晓以大义，对赵佗说，足下是中国人，亲戚、昆弟、坟墓都在真定。现在足下舍弃冠带，以区区之越与天子抗衡，灾祸马上就要降临到足下身上。汉挖掘焚烧足下祖先坟墓，夷灭足下宗族，派一偏将率10万士兵到越，那样的话越杀足下投降汉朝易如反掌。赵佗为陆贾辩才所动，肃然起敬。于是接受汉朝封号玺绶，向汉朝称臣，并赏赐陆贾大量财宝，此举影响到百越。陆贾回朝后将情况上奏刘邦，刘邦大喜，于是任命他为太中大夫。

## 吕后诛杀韩信

汉高祖十一年（前196）正月，韩信想谋反，为吕后和萧何诱捕，被杀。

在经历数年的楚汉之争中，韩信作为刘邦最得力的大将冲锋陷阵，为刘邦打败项羽，建立汉天下创立了赫赫战功。然而，韩信却遭到刘邦及吕后的猜忌，楚汉战争一结束，韩信即被改封为楚王。高祖六年（前201）十月，刘

韩信像

盘口鼎。为南越地区典型器物。

**115**

秦汉交替的时代

邦再次采用陈平计谋，伪游云梦，诱捕韩信。十二月，废除韩信的楚王位，将他贬为淮阴侯。韩信郁郁不得志，称病不参加朝廷活动。

汉高祖十年（前197）九月，刘邦宠臣陈豨反叛，自立为赵王，劫掠赵、代属地。刘邦用羽檄征召天下兵士，并亲自率兵征讨陈豨。韩信一向与陈豨交情不错，于是称病在家，不听从刘邦诏令，暗地里派人去向陈豨报告，谋求里应外合，并准备与家臣乘夜伪称诏令大赦诸官罪犯和奴役，发兵袭击吕后和太子。当时韩信舍人得罪了韩信，韩信想杀掉他。舍人弟怀恨在心，于是向吕后告发韩信谋反情况。吕后想召韩信，又担心他的党羽作乱，便与丞相萧何商讨计策，诈称有使者从刘邦军中来，并说陈豨战败已死，让列侯群臣庆贺。萧何极力要求韩信入宫庆贺，韩信不知是计，于是入宫，吕后即令武士将韩信抓起来。至此，韩信才醒悟过来，后悔自己没有采用蒯彻计谋，结果反为女子所欺骗，并认为这都是天命。于是韩信被吕后斩杀于长乐宫钟室，并被灭三族。

# 萧何作《九章律》

汉高祖十一年（前196），刘邦在亲自率军征讨陈豨反叛中得知萧何设计帮助吕后杀韩信后，随即遣使拜丞相萧何为相国。萧何为刘邦汉天下的建立创立了卓著功勋，汉初刘邦论功分封天下，以萧何为第一。萧何在任职丞相和相国期间，推行与民休息、轻徭薄赋的政策，使汉初社会经济能够在连年的战乱后得以恢复。高祖十二年（前195）萧何又依据秦法，并进行删削增补，制定出《九章律》，为汉朝的社会稳定起了一定作用。《九章律》又称《汉律九章》，是西汉统一后最早颁行的基本法典。现在，《九章律》原文已失传，仅知篇目为"盗律"、"贼律"、"囚律"、"捕律"、"杂律"、"具律"、"户律"、"兴律"、"厩律"。前六篇大体与秦律相同，内容以刑法为主，还夹杂有审判、囚禁等规定；后三篇为萧何新创，是有关户口、赋役、兴造、畜产、仓库等规定。《九章律》的制定为汉以后的立法奠定了基础。

# 刘邦作《大风歌》

汉高祖十一年（前196）七月，淮南王英布叛乱，刘邦亲自率军征讨，第二年（前195）十月，刘邦击败英布的叛军，得胜班师。途中经过故乡沛地，于是在沛宫设酒，与沛地老朋友父老子弟会饮，畅谈过去之事。酒酣乐甚之际，刘邦击筑自作歌诗："大风起兮云飞扬，威加海内兮归故乡，安得猛士兮守四方。"辞意慷慨，表达了刘邦一统天下、功业成就后踌躇满志的心理和居安思危的胸怀。《汉书·礼乐志》称之为《风起之诗》，后世取歌辞首句名之为《大风歌》。唱完《大风歌》后，刘邦还不尽兴又亲自起舞，慷慨伤怀，热泪盈盈，对沛地父老兄弟说：在外的游子对故乡感到悲愤和不平。我是从

《刘邦祭礼图》，前195年，汉高祖刘邦经过鲁地，首开皇帝祭孔的先河。

沛公起家而诛杀暴逆、遂夺取天下的，因此沛地是对我有恩的地方。自今以后免除沛地百姓赋役以作为报答。

## 刘邦征英布

汉高祖十一年（前196）七月，淮南王英布起兵反汉，刘邦亲自率军征讨英布。

英布即黥布，秦朝六（今安徽六安北）人，因罪被黥刺面部，故称黥布。秦末起兵反秦，并以兵归附项梁，随项羽北攻赵地，灭亡秦朝。项羽大封天下时他被封为九江王。楚汉相争，英布背叛项羽而归附刘邦，并举兵参与垓下破楚的战斗。后被刘邦封为淮南王。汉高祖十一年（前196）正月，淮阴侯韩信被诛杀，英布心中惊恐万分。等到彭越被杀，英布十分害怕，同时考虑刘邦年老厌恶战争，肯定不能亲征，以及韩信、彭越已死，其他人不足畏惧等因素起兵反汉。英布东进击杀荆王刘贾，并劫取其兵，后越过淮河攻击楚国，大败楚王刘交，于是英布再率兵向西进攻。此时刘邦抱病在身，本想派太子刘盈领兵征讨。太子宾客东园公等人请吕后设法劝阻刘邦。不得已，刘邦抱病亲征，率兵东进。第二年十月，与英布军在蕲西（今湖北蕲春西）相遇，双方大战。英布战败，向江南逃跑。刘邦命令各地将士进行攻击。后长沙王吴臣派人将英布引诱到番阳，并将其处死。

## 汉高祖预定后事

汉高祖十一年（前196）七月，淮南王英布谋反，刘邦亲自率军平叛，不幸为流箭击中，途中未得及时医治，又加舟车劳累，难以为治。临终前吕后问刘邦，陛下及相国萧何死后，谁可代替相国萧何，刘邦认为曹参可以；吕后再问还有谁可以，刘邦又认为王陵可以，不过王陵主意不多，陈平可以给予辅助；陈平主意虽多，但是难以独当一面。并认为周勃为人厚道，性格刚强，将来安定刘氏天下的一定是他，可以让周勃当太尉，掌握兵权。吕后又问以

后的事，刘邦说，此后也不是你所能知道的了。高祖刘邦预定后事对维护汉初社会稳定、发展生产有一定作用，同时也抑制了吕后的扩权野心。汉高祖十二年（前195）四月，刘邦终于病逝。葬于长陵（今陕西咸阳东），群臣以"帝起细微，拨乱世反之正，平定天下，为汉太祖，功最高"，尊为高皇帝。五月惠帝即位，吕后被尊为太后，渐露专权野心。

## 吕后毒杀赵王

汉惠帝元年（前194）十二月，吕后毒杀赵王如意，并刑其生母戚夫人。

刘邦称帝后，立刘盈为太子，但刘邦嫌刘盈为人仁慈心软，时常想废掉他，而立宠姬戚夫人之子赵王如意为太子。汉高祖十年（前197），刘邦欲废太子刘盈而立赵王如意。群臣反对，都不得要领。吕后于是问计张良，张良建议请商山四皓辅助太子，使刘邦不敢改立。御史大夫周昌极力进谏，刘邦也明白太子已羽翼丰满，很难改立，只得作罢。但刘邦担心自己死后戚夫人母子难得保全，因而任命周昌为赵国丞相，以护卫赵王。

汉高祖十二年（前195）四月，高祖刘邦去世，五月，太子刘盈即皇帝位，是为孝惠皇帝，尊吕后为皇太后，吕后因废立太子之事，非常痛恨戚夫人及其子赵王如意，此时便命令将戚夫人囚禁在永巷，穿红褐色衣服，罚她做春米劳役。戚夫人一边春米一边唱道："子为王，母为虏，终日春薄幕，常与死为伍！相离三千里，当谁使告女？"吕太后听说大怒，于是命令赵王入京，派出的人往返三次，但赵王仍然没有按要求入京。太后大怒，便改召赵国丞相周昌入京，并派人再一次召赵王入京。惠帝刘盈知道太后的愤怒，于是亲自迎接赵王入宫，并与他一起起居饮食，以防太后对赵王下毒手。太后想杀赵王，但一时难有机会下手，数月后，惠帝清晨起身外出狩猎，赵王年纪小未能早起。太后打听到赵王一个人独处后，于是派人强迫赵王喝下毒酒。待惠帝回宫，赵王已死。于是改任淮阳王为赵王。此后不久，太后又派人斩断戚夫人手和脚、挖去眼睛、烟耳、饮喑药，并让她居住在窟室中，命名为"人彘"。后又召刘盈去看，惠帝知道是戚夫人，于是被吓得大哭，由此患病卧床不起一年之久。此后日夜饮酒作乐，不理政事，朝中大权为吕后独揽。

## 萧规曹随

汉惠帝二年（前193）七月，相国萧何病故，曹参继任为相国。

曹参，沛县人，秦末刘邦起兵反秦，他以亲信之臣追随左右，身经百战，功勋显赫。汉朝建立后，曹参为齐国丞相，辅佐齐王刘肥治理齐国。他用黄老思想指导治国，任齐相9年间，齐国安宁和睦，被称为贤相。汉高祖刘邦临终时明确说明曹参可代萧何为相国。萧何死，曹参继任相国位。

曹参任相国后，举事无所变更，一切均按萧何制订的成法行事。委任属吏喜欢选择郡国官吏中不善辞令的忠厚长者，凡哗众取宠、夸夸其谈、务求声名的官吏则被警告或罢免。自己又经常宴请卿大夫、宾客、部下等日夜饮酒作乐，不理政事。对那些想规劝他的人即以美酒招待，直至醉而不能规劝

曹参像

萧何像

为止。惠帝责怪他不理政事，并让曹参之子曹窋询问其父为何不问政事，每日饮酒作乐。曹参大怒而鞭笞其子，并回答惠帝说：高皇帝和萧何平定天下，制定各项制度和法令，现在陛下垂拱无为，我任相国恭谨守职，遵循成法行事而不出偏差，不就行了吗？惠帝听了十分赞赏。曹参任相国3年而死，成绩显著。时百姓民谣说："萧何为法，讲若画一；曹参代之，守而勿失。载以清靖，民以宁一。"后世以"萧规曹随"比喻按照前人的成规办事。

## 长安城建成

汉惠帝五年（前190）九月，长安城建成。

汉都城长安的营建开始于汉高祖五年（前202），当时以秦兴乐宫为基础，兴建了长乐宫作为皇宫，高祖七年（前200）十月，长乐宫建成，刘邦自栎阳迁都长安，并在长乐宫中改行汉朝礼仪。此后又以秦章宫为基础兴建了未央宫，并在长乐宫和未央宫之间修筑了武库，另在长安东南修建了太仓。汉惠帝时

**121**

秦汉交替的时代

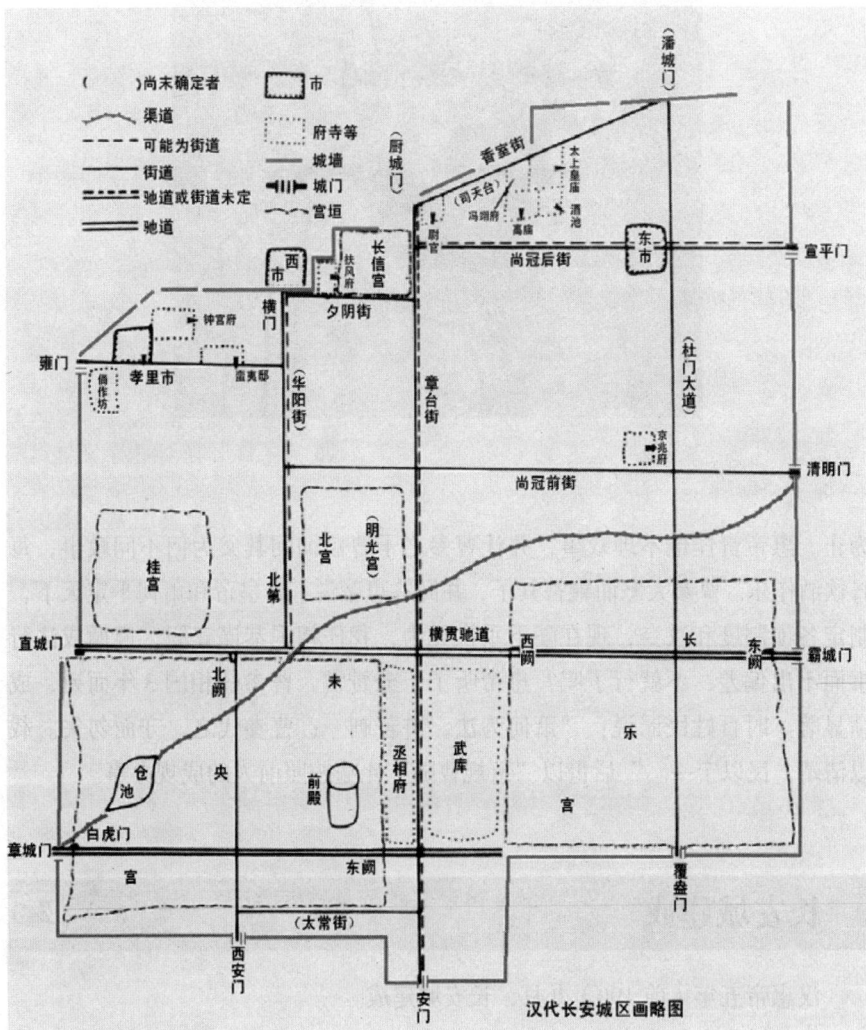

汉代长安城区画略图

开始修筑长安城。惠帝三年（前 192）春，征发长安附近 600 里内男女 14.6 万人修筑长安城，30 日中止。六月，再次征发诸侯王、列侯有罪之刑徒、奴隶 2 万人筑建长安。五年春正月，又征发长安附近 600 里内男女 14.5 万人修建长安，30 日后停工，同年 9 月，长安城建成。

长安城城墙又高又厚，雄伟壮观，规模空前。城墙高达 8 米，基底厚 16 米，土质纯净，逐层夯实。城墙四周共开城门 12 座。城内有 9 条主要街道干线互为经纬，正中纵横交叉的两条街道称为"驰道"，属皇帝专用。长乐宫、未央宫处于城内南部。汉武帝时期，在城内又陆续兴建了桂宫、明光宫和城西的建章宫，在城郊开凿了昆明池，充实了上林苑中的宫观建筑，大规模扩建了避暑胜地玉泉宫。此时长安城建设规模达到了顶峰。其范围包括浐、灞、沣、潏、涝、皂 6 条河流。汉元帝以后，外戚贵族竞相在城内兴建住宅和池苑，使城内建筑拥挤，官办的冶炼、铸造作坊被压缩在城内西北一角和城西南部。王莽当政时期，大搞复古主义，拆毁建章宫和上林苑中一批宫观建筑，并于城南大建明宫、辟雍和宗庙等礼制建筑，大规模扩建太学。但汉长安城基本面貌没有很大改变。

汉长安城平面近似正方形，长宽几乎相等，方向基本上成正南北向。根据文献记载，汉长安城有 16 座桥梁，此外城中还有旱桥——飞阁复道。城内道路相当整齐，街道笔直，或东西向、或南北向，在城内交叉、汇合成 8 个丁字路口和 2 个十字路口。城内给水、排水系统规划严密，一方面利用了周秦时代的给水系统，以沣、滈两条河流为水源，以滈池为水库，而更主要的还是依靠沉水为水源。排水系统结构完整，城内大街两旁都有明沟，为排水干道。它们由城墙底部的涵道或水道连接，将污水排泻到城外壕沟中去。汉长安城的市区规划大致可分为宫殿、市场、作坊和居民区等。市场在城西北的横门附近；手工作坊有的设在皇宫之中，有的分布在城内西北角；居民区多分布在城的北部和东北部。此外，在未央宫北阙附近还有"蛮夷邸"，居住着外国、少数民族的首领、使者和商人。

秦汉交替的时代

## 萧何建石渠阁

汉高祖九年（前198），汉相萧何很有远见地注意到了图书档案，把秦朝丞相府、御史府等重要官署的律令、图书收藏起来，在长安未央宫殿北建成了石渠阁，成为中国最早的中央档案中心。为了防火与保卫，石渠阁下用石头砌成了沟渠，用来盛水导水，石渠阁也因此而得名。由于汉高祖接受了秦朝毁灭图书的教训，"大收篇籍，广开献书之路"，又命萧何等国家重要大臣主持图书的整理、纂辑，石渠阁的藏书日渐丰富，保存了大批珍贵的典籍，

河南禹县双凤阙画像砖

汉代形成的档案后来也贮藏在这里。宣帝时著名的学者韦玄成、梁丘贺等还曾在这里讲诵经书，编撰史籍，使石渠阁成为当时研究学术和修史的中心，经常有学者在此召开会议。因此，石渠阁主要以研究经学为主，具有学术研究性的专业藏书处的特征。图书档案制度至此进一步发展。西汉末年，石渠阁被毁弃。

## 陆贾撰《新语》论治理天下

汉高祖十一年（前196）五月，陆贾撰写《新语》，论仁义之说，追求儒家的理想政治，同时辅以黄老"无为而治"思想。

陆贾，楚国人，汉初儒生，跟随刘邦平定天下，能言善辩，经常奉命出使诸侯。汉初，出使南越，以辩才说服南越王赵佗臣属汉朝，拜为太中大夫。他时常在汉高祖刘邦面前说《诗》、《书》。刘邦自以为自己是骑在马上得天下的，诗书无用，每加嘲笑谩骂。陆贾则认为骑在马上能够得天下，但不能骑在马上治理天下，主张"文武并用"是长久之术，推行仁义治国，效法古代圣贤。刘邦听后自惭形秽，于是命令陆贾著书论述秦朝之所以失天下、汉之所以得天下以及历代兴亡成败的原因。因此，为总结秦亡汉兴得失，陆贾先著书12篇上奏刘邦，每奏一篇，刘邦都认为好，左右皆呼万岁，认为陆贾所著是《新语》。《新语》是汉初第一部总结秦亡汉兴经验教训的著作，内容以仁义之说为本，发挥《论语》、《孝经》之义，阐明王道，抨击霸术，主张修身用贤，追求儒道结合的理想政治。

陆贾在《新语》中分析道：秦自孝公开始，主张法治，崇尚暴力，重视功利，蔑视伦理道德，奖励耕战，鼓吹集权，这是具有开创精神、富国强兵的理论和政策。从秦孝公到秦始皇，依靠这一条强硬路线，并吞六国，结束了中国长期分裂割据的局面，但秦王朝的只谈暴力，只讲功利，必然导致残暴统治、恐怖政治，自陷于灭亡。陆贾对这一历史经验教训的认识是十分深刻的，他认为应该把强力夺取与和平守成两种手段结合起来，所谓"文武并用，长久之术也"。

陆贾把儒家的仁义之道和道家的无为政治结合起来，指出秦实行的"唯刑主义"，再加之以**骄奢繁役**，使百姓不能生活下去，最后导致亡国。他主张较为宽厚的儒家政治，**认为仁义道德是治国的要道**，学习儒家思想的人开明，否则就昏庸，违背儒家思想就会亡国，特别是对于暴秦之后，历经战乱的广大百姓来说，更需要仁义道德的春风暖雨给予滋润和化育。陆贾也十分赞赏道家的无为政治，认为道的最高境界就是无为，少干预人民的事情，省刑薄税，不夺民时，用无为之道治理国家，国家就能得到治理。

陆贾同意道家柔弱胜刚强的思想，认为为政宜柔不宜刚，宜缓和不宜急促，宜温厚不宜刻薄，指出只有柔才可持久，缓和才可以常存，温厚才可以得众。他理想的政治境界是："块然若无事，寂然若无声，官府若无吏，亭落若无民。间里不讼于巷，老幼不愁于庭。"（《新语·至德》）。这样，儒道两家思想在这里统一起来了。

从陆贾所揭示的历史教训中，汉初统治者认识到，在当时的条件下，只有轻徭薄赋慎刑，才能缓和农民的反抗，巩固自己的统治。这样就形成汉初"黄老无为"的政治思想。汉高祖以及文景时期的许多措施，正是这种无为思想的体现。同时，对于后来汉武帝独尊儒术，也起了先导的作用。

陆贾"马上得天下不能马上治天下"的治国理想影响尤为深远。特别是在中国古代皇权专制的层层压制下，能代替人民发出痛苦的呼吁，对于我们民族生命的延续，文化的发展，文明的积累有其不可磨灭的功绩。

## 秦汉造船工场

秦汉造船工场遗址位于今广州市中山四路西段。这里旧称"禹山"。经过试掘证明，这是汉代以来堆积形成的一片东西长约 300 米的坡地。造船遗址在坡地下 5 米深处，南距今珠江北岸 1300 米。

造船工场建造在灰黑色的沉积粘土层上。船台区有 3 个呈东西走向平行排列的造船台。1 号船台在南，由两行平行的大木板组成滑道，滑板宽 60 ~ 75 厘米、厚 15 ~ 17 厘米。下面用大小两种枕木垫承，滑板上搁置架承船体的木墩，两两相对，间距不等，构成一个造船台。这个船台中宽 1.8、仅露出长 29 米，呈水平状。东端置"横阵"——档板，表明已到尽头，由此往西至 88

秦汉造船工厂

米处钻探，仍见滑板，所以船台的长度估计在 100 米以上。2 号船台居中，中宽 2.8 米，仅露出一小段。在北面钻探发现第 3 号船台，因被楼房压着，未有揭开。按船台的宽度推算，两船台可分别建造身宽 5 ~ 8 米，载重 25 ~ 30 吨的木船。遗址上面出土有秦半两、汉初半两钱，秦汉瓦当及西汉初年陶器等物，据此并结合文献资料初步考证，这处造船遗址始建于秦始皇统一岭南时期，至西汉初的文、景期间废弃。（1 号船台取样作碳 14 年代测定：距今 2190 ± 90 年（前 240 ± 90 年）。

这处造船工场的巨大规模，造船木材的选择及船台的结构形式等都充分表明 2000 多年前我国造船技术和造船能力已达到很高水平。

## 中国使用滑道下水技术

　　我国早在 2300 多年前就已经开始使用滑道下水技术。船舶从船台上移至水中的过程称之为下水，依靠船本身重量沿斜滑道面滑下称为滑道下水。

　　1976 年，广州首次发现了一处规模巨大的秦汉之际的造船工场遗址。该遗址中心部分有 3 个平行排列的造船台，船台和滑道相结合，外形很像铁路，由枕木、滑板、木墩组成。枕木分大小两种。滑板宽距可以自由调节。船台的滑道长度超过 88 米。滑道由下垫枕木的巨大滑板构成，每组滑道上都搁置着一对对的架承船体的木墩，墩底有榫与滑板连结，形成了造船台。这里已采用了船台与滑道下水结合的结构原理。说明我国早在 2300 年前就已有了滑道下水术，而国外的应用却仅有一二百年的历史。滑道下水技术的使用在我国造船史和航运史上具有重要意义，对造船业的发展产生了重大作用。

## 约190 ~ 180B.C.

# 西汉

189B.C.汉惠帝六年

张良死。

188B.C.汉惠帝七年

八月，惠帝死。九月，皇太子恭嗣位，高皇后吕氏临朝称制。

187B.C.高皇后吕雉称制元年（少帝刘恭）

正月，除秦三族罪及妖言令。

四月，封吕氏数人为王。

186B.C.高后二年（少帝刘恭）。

长沙国丞相軑侯利苍入葬今长沙马王堆。随葬品及书籍极为丰富。

184B.C.高后四年（少帝刘恭、少帝刘弘）

四月，吕后杀少帝恭；五月，立恒山王刘义为帝，更名弘。

是岁，禁铁器不得售于南越。

183B.C.高后五年（少帝刘弘）

春，南越王赵佗称南越武帝，发兵攻长沙边县。

182B.C.汉高后六年

以秦"半两钱"重而不便，令铸荚钱（五分钱）流通，遂使西汉前期币制紊乱，物价腾贵，私铸盛行。

180B.C.高后八年（少帝刘弘）

七月，吕后死。

罢攻南越兵。南越王赵佗诱逼闽越、西瓯、骆越等役属之。

九月，右丞相陈平、太尉周勃等大杀诸吕，迎高帝子代王恒为皇帝，是为太宗孝文皇帝；又杀少帝弘及惠帝诸子。

医学家阳庆是年七十余岁，尽以医术授与淳于意（即仓公）。庆，齐郡临淄（今山东临淄北）人，精研前代名医扁鹊等所传《脉书》，并著有《药论》，内多秘方。

187B.C.

印度孔雀王朝末王卜里达拉达为权臣蒲胥亚米忒拉所杀，建立松喀王朝。

182B.C.

汉尼拔在流放中自杀。

秦汉交替的时代

## 张良闭门学道

张良庙。始建于汉。

　　张良（？～前186，或前189，前185），刘邦谋士，为刘邦奠定汉天下立下赫赫战功。刘邦赞扬他"运筹帷幄之中，决胜千里之外"，与萧何、韩信被誉为汉初三杰。汉朝建立时被封为留侯。刘邦晚年想改立戚夫人子如意为太子，张良为吕后出谋划策，请商山四皓辅助太子，使刘邦不敢改立。张

南朝"南山四皓"画像砖。秦末汉初,东园公、甪里先生、绮里季和夏黄公四位八十多高龄的雅士曾隐居南山,这块画像砖所表现的就是这一人物故事。

良晚年退出政治活动,深受黄老之学影响,曾闭门学道,并从赤松子云游天下,善导引术(即今天所说之气功)。

## 吕后临朝称制

自从汉惠帝刘盈应吕后之召去看"人彘"后,看不惯其母的残酷,于是日夜沉缅于酒色之中,不理政事,至惠帝七年(前188)死于未央宫。由于惠帝与张皇后没有孩子,于是取后宫美人之子作为惠帝之子立为太子。惠帝死,太子继位,史称少常。由于少帝年幼,因此由吕太后临朝称制,代行皇帝权力。第二年即高后元年(前187),吕后想立吕姓为王,遭到王陵等大臣和刘姓王侯的强烈反对。吕后很不高兴,于是剥夺王陵丞相大权,并以亲信审食其控制朝廷。之后,在迫害、消灭刘姓王侯的同时,违背刘邦与群臣"不是刘姓而称王,天下共击之"的盟约,着手分封吕姓为王。首先追尊其父临泗侯吕公为宣王,兄吕泽为悼武王,以试探朝野反应。不久,吕后又指使大谒者张释风告诉大臣,要求立悼武王长子郦侯吕台为吕王,割齐国济南郡为吕国。吕台死,其子吕嘉继承封爵。另一方面少帝渐渐长大成人,得知自己不是皇

秦汉交替的时代

后所生，又听说其生母为吕后所杀，于是宣言："太后怎能杀我母亲而让我即皇帝位呢，我现在年龄尚小，待我长大了即要改变这种情况。"吕后听说后，担心少帝将来报复，于是将其囚禁在永巷中，少帝身边的人不得见面。并且吕后又对大臣伪称少帝病重，难以康复，神智不清，不能理政，应当另立皇帝，群臣畏惧吕后表示同意。高后四年（前184）初，废少帝并暗中杀害。五月，立恒王刘义为帝，更名弘。因太后临朝称制，因此不称元年。吕后专权后更大封吕姓为王。六年，废吕嘉，以吕台之弟吕产为吕王。七年，将梁王刘恢改立为赵王，以吕产为梁王。刘恢被迫自杀后，吕后又立其兄之子吕禄为赵王。八年，燕王刘建死，吕后派人杀其子，并立吕台子吕通为燕王。同年

吕后像

七月，吕太后病重，任命吕禄为上将军，与吕产分掌北、南军，控制卫戍京师的军队。吕后分封吕姓为王，破坏了汉朝的根本体制，侵害了功臣集团的利益，也埋下了以后内讧的种子。吕后死后即酿成诸吕之乱。

132

## 南越王称帝

汉高后四年（前184），吕后临朝
称制后，下令禁止向南方越族地区出口
中原先进的铁器农具等生产工具。第二
年（前183）春天，南越王赵佗以吕后
下令关闭交易市场、禁运铜铁等为借口，
自称南武帝，并发兵攻打汉朝长沙等边
境地区。七年（前181）九月，吕后派
遣将军周灶率兵征讨，由于汉军不适应
南方潮湿气候，军中疾病流行，士卒不
能翻越南岭，效益不大。一年后吕后病死，

南越王陶鼎

南越文帝九年句鑃。句鑃为春秋战国时期
吴越的乐器，这套有纪年铭的名鑃在岭南
地区属首次发现

**133**

秦汉交替的时代

西汉南越王金印

西汉南越王金印文："文帝行玺"

"皇后之玺"玉玺

"皇后之玺"玉玺。玺面阴刻篆文"皇后之玺"四字，四侧阴刻云纹。顶雕离虎为钮。在汉高祖长陵附近发现，应是吕后生前的御用之宝。

汉朝随即停止征讨。当时，赵佗还依仗兵威和财物等威胁和贿赂邻近的闽粤、西瓯、骆越等，使他们听任南越调遣，牵制汉朝，势力一度扩展到现在的福建、浙江等地。不久，赵佗更设置黄屋左纛等皇帝仪仗，称帝，与汉朝抗衡。汉文帝即位后，对南越采取柔抚政策，为赵佗在真定故乡的祖先墓地派专门人员守护，逢年过节还随时贡奉礼品，并任命赵佗昆弟担任汉朝重要官职，给予赏赐，以表示汉朝的恩宠。文帝元年（前179）八月，文帝又派陆贾再次出使南越，向赵佗通报汉朝皇位更迭情况，以消除前嫌，并劝说赵佗放弃帝号，像过去一样与汉朝通使往来。赵佗得知实情后十分感动，点头谢罪，表示愿听从汉朝政府调遣，自己永远为汉朝的藩国臣属，尽自己的朝贡之责。随即下令全国废除帝制。并且赵佗还认为自己称帝以来吃不好饭睡不好觉，既看不到繁华热闹的景象，也听不到钟鼓的美妙之音，究其原因，就是得不到侍奉汉朝的机会，因此自己今后再也不敢称帝。

**135**

此后，汉文帝仍然任命赵佗为南越王，继续管理南越领地的事务。汉朝的南部边境地区也得以安宁。

## 吕后病死

汉高后八年（前180）七月，吕后因为狂犬病而死。

吕后即吕雉（前241~前180），字娥姁，秦末单父（今山东单县）人。汉高祖皇后，又称高皇后、高后。年轻时因她的父亲吕公为躲避仇家，移居沛县，由此结识刘邦并缔结婚姻。楚汉战争中，吕后与刘邦父母一起为项羽俘获，作为人质被扣留楚营数年。刘邦称帝时吕后被立为皇后。吕后为人残忍，富有谋略。在汉初消灭异姓王的战争中，吕后坐镇关中稳守后方，曾协助刘邦杀韩信、彭越等异姓诸侯王，为汉朝中央打击分裂割据势力，巩固统一的中央集权起了积极作用。刘邦死后，惠帝即位。吕后独揽大权，杀戚夫人及其子赵王如意。惠帝死后，吕后临朝称制，并暗中处死少帝。此外，吕后公然违背刘邦与群臣"非刘氏而王，天下共击之"的盟约，大封吕姓为王，以取代刘氏、控制军队，排斥功臣，提拔重用亲信。但吕后称制期间，继续推行休养生息的政策，因此汉朝社会比较安定，经济也得到发展。她死后不久，被分封为王的吕氏宗亲阴谋作乱，为大臣周勃等所平定，吕氏专权时代结束。

## 周勃、陈平安定汉室

汉高后八年（前180）九月，周勃、陈平等人平定诸吕叛乱，使汉朝统治大权重新回到刘氏手中。

刘邦死后，吕后违背"非刘氏而王、天下共击之"的盟约，极力培植吕氏势力，先后分封吕台、吕嘉、吕产、吕禄、吕通等为吕、赵、燕等郡国国王，又封吕种、吕平等为列侯，并让吕刘互通婚姻，希望以此确立吕氏、刘氏和功臣集团的联合统治地位。但是，忠于刘氏的元老重臣对吕后的行为很不满，

吕后也对此放心不下，临终前又任命吕产为相国，吕禄为上将军，掌握军政大权。高后八年（前180）七月吕后病死，九月，诸吕欲聚兵叛乱，夺取政权，刘章得悉消息后，派人密报其兄齐王刘襄，要齐王发兵向西进攻，以大臣为内应，消灭诸吕，拥立齐王即位。齐王随即调集全国军队，打着"率兵消灭不应当为王的人"的旗号发兵西进。相国吕产派遣大将军颖阴侯灌婴率兵迎战，灌婴本来是忠于刘氏的功臣集团的重要人物，率兵到荥阳后，安营扎寨，并派人与齐王联合，拥兵自重，以等待吕氏之变。

此时在朝廷内部，周勃、陈平等密谋策划，派人说服曲周侯郦商，并让其子郦寄去劝说吕禄将兵权交给太尉周勃。郦寄劝诱吕禄说：高帝与吕后共

陕西咸阳杨家湾出土的西汉步兵持盾陶俑

定天下，刘氏所立9王、吕氏所立3王，都是大臣们所议定的，并布告于天下。现在太后已死，你作为上将军且拥有赵王之位，率兵留在此地，只会引起大臣诸侯疑忌，不如回到封国镇守藩国，将军队交给太尉，还请梁王吕产交出相国印，与大臣订立盟约，返归封国。这样的话，齐王一定会停止进兵，大臣们也可以放下心来，你也可高枕无忧做你的郡国王。虽然吕禄深以为是，但吕产和诸吕老人有的以为可行，有的以为不可行，因而犹豫不决。此时襄平侯纪通掌管符节，于是持节假传命令让太尉周勃进入北军。吕禄以为少帝已派太尉守北军，于是解印将兵权交给周勃。周勃进入军中号令："拥戴吕氏的祖露右肩，拥戴刘氏的祖露左肩！"军中士卒都祖露左肩，呼声震天，周勃遂统领北军。接着，周勃命令朱虚侯刘章率兵千余人以进宫警卫皇帝为名，伺机捕杀统率南军的吕产。刘章在未央宫中击杀吕产，后又捕杀吕禄，并分派人手去捕杀诸吕，不论老少一律处死，至此，吕氏集团被剿灭，统治大权又回到刘氏集团手中。

诸吕之乱平定后，周勃、陈平等大臣密商选立皇帝。由于少帝不是惠帝亲子，无权承继大统。齐王刘襄为汉高祖刘邦长孙，但是其舅驷钧为人阴毒，大臣们接受了吕氏正因为外戚险恶而几乎危及汉家江山的教训，也将其排除在外。最后，大臣终于选定代王。因代王在汉高祖现存诸子中年龄最大，而且为人仁孝宽厚，其母薄氏也为人谨慎善良，因此由代王继承帝位最为合适。于是，大臣们暗中派人迎代王入长安即位。闰九月，代王刘恒一行由代到长安，在群臣拥戴下代王即皇帝位，即太宗孝文皇帝。文帝即位后大赦天下，积极推行休养生息政策，开创了汉朝盛世。

## 煤开始实用

我国是世界上最早发现和使用煤的国家。早在6000年前的新石器时代，人们就发现某些煤可以用来雕刻，使用煤玉（特殊煤种）雕刻成各种装饰品，诸如圆环和造型生动的动物等。这种特别工艺一直延续到周乃至汉代。这在辽宁沈阳的新石器时代末期遗址中，在陕西西安、宝鸡等地的西周墓葬以及河南陕县的汉代墓墓葬里，都有过出土。

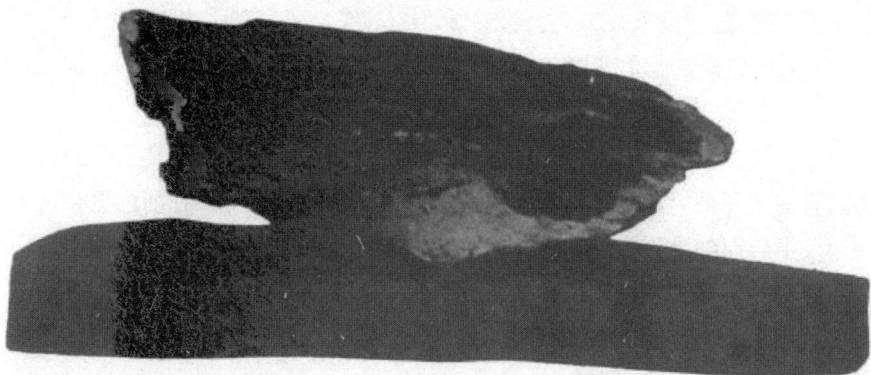

巩县铁生沟出土煤

庖厨画像

《史记·外戚世家》中记载,汉文帝元年(前180),窦太后的胞弟窦广国"为其主人入山作炭",是汉代有关采煤活动的文献记载。这比英国从13世纪始才开始采煤要早1400多年。

在汉代,煤已作为燃料在许多地方使用。人们用煤末掺合粘土等制成煤饼或直接用开采的煤块,作为能源用于冶铁和烧制砖瓦等。在河南巩县铁生沟西汉中后期的冶铁遗址以及郑州古荥镇(汉代为荥阳城)汉代冶铁遗址中烧制砖瓦、风管或烘烤陶范的窑里,都发现有煤饼。说明西汉已经用煤作燃料了。当时人们还使用它进行日常的炊烧、取暖,在辽宁抚顺汉代居住遗址的火坑内,发现烧过的煤炭。

东汉献帝十五年(210),曹操在邺县(今河南临漳县西)建筑冰井台,储藏了燃之不尽的石炭(煤在古代的别称),作为逐鹿天下的一份资本。说明当时煤已被大量地挖掘和使用。以后煤的开采和利用更加普遍。

元代时意大利旅行家马可·波罗来到中国看到用一种"黑石头"作燃料,燃烧起来火力比木柴更强,而且燃烧时间很长,他感到陌生又惊奇。而这时中国人用煤作燃料已经1000多年了。

## 导引在汉代定型

秦汉时期,统一的多民族的国家被建立起来,政治、经济、文化都有很大的发展,人民生活较长时期内相对安定,国力渐强,加上医学的进步,作为养生健体活动的导引术也得以发展,到汉代终于定型下来。

导引术源于道家的神仙方术,战国时已有流行。秦汉时神仙方术盛行,方士们为追求长生不死,肉身成仙,极力倡导吐纳导引。东汉末年,道教更把追求长生不老作为最高目标,把"养生"视为通往长生不老的最好途径。他们认为人的肉体及精神均由"气"构成,而行气、导引、辟谷是养气健体的最佳方法。

秦汉时导引养生风气盛行,尤其是两汉。《史记》记载张良曾"愿弃人间事","学辟谷、道(导)引、轻身";《论衡》也说李少君、东方朔等人以"导气养性";《后汉书》则记载许多方士都是精于"导养"的养生家。东汉的"导

秦汉交替的时代

养"风气更盛于西汉。

秦汉时导引已用于治病。在先秦著名医书《内经》中，曾归纳导引可以治疗"痿、厥、寒、热"，并配合"按乔"（按摩）进行；同时导引还可以与熨药一起治疗筋病。东汉张仲景的《金匮要略》也强调以"导引、吐纳、针灸、膏摩"治疗四肢"重滞"。华佗的《中藏经》也说"导引可逐容邪于关节"。可见导引疗法在秦汉时已被许多医生广泛应用于临床治疗中。

西汉时已有导引的专著出现。《汉书·艺文志》列有《黄帝杂子步引》12卷（步引即步式导引）及《黄帝岐伯按摩》10卷。可惜现已全部失佚。如今了解汉代导引形式和特点的最完整的资料，当数1973年湖南长沙马王堆3号汉墓出土的帛画《导引图》。西汉帛画《导引图》长约100厘米，宽约50

西汉彩绘陶奁——气功入静图。此陶奁上的两个人物像过去曾认为是舞蹈图形，但从其姿势和神情看更像是气功坐功入静的情景。

141

西汉帛画导引图（复原图）

西汉帛画导引图（长沙马王堆汉墓出土）。这是最早的医疗保健体操图谱。图中绘有各式运动姿态的男女 44 人，图旁有文字说明。是后世健身运动气功和拳术的早期形式。

厘米，彩绘 44 个男女老少的各种导引术式。44 人分列 4 排，每排 11 人，人高 9～12 厘米，每个人像均为一个独立的导引术式，图旁大都有题字标出名目。帛画没有总名，据考古推断为导引图，是我国迄今发现最古老的一幅健身图谱，它反映了西汉时导引发展的状况和形式、特点，在研究我国独有的"导引术"上有重要的价值。

　　导引图所绘的各种导引术式反映了西汉时导引术式已呈多样化。从运动形式分，它既有立式，也有步式和坐式的导引；既有徒手的，也有使用器物的导引；既有配合呼吸的，也有单纯肢体的导引。从功能分，它既有治病的，也有用于健身的导引。此外，还有大量摹仿动物姿态的导引。导引术式十分多样。描述人体运动姿态的有伸屈、屈膝、体侧、腹背、转体、跳跃以及舞蹈，也有吐纳动作。特别是使用器物的记载，弥补了先秦典籍中没有使用辅助器物做导引的缺陷，呈现了这个时期导引术式的特点。导引术式中有部分是摹仿动物形态的。如鹞背、狼、龙登、倍、沐猴灌，等等，简朴地摹仿动物的动作，与后来的"五禽戏"大有区别。导引图中有相当数量的式指明是针对病症的。如引瞋（或颓）、引聋、引胠责、引颈、引灵中、坐引八维，就是使用导引术治疗病症的佐证。导引图主张通过导引这种运动形式来治疗疾病，比传统医学主张静养的方式更为积极。

从导引图及种种情况可以看出，中国导引从战国发展到秦汉时期，内容越来越丰富，形式也越来越多样，已呈现出更为清晰的特点和发展态势，而且已被广泛地运用于健身、养生和治病中，导引术已基本定型。

## 皇帝陵墓规制逐步完善

西汉皇帝陵是在秦代始皇陵的基础上发展起来的。由于社会稳定，经济发达，厚葬成风，全国上下对陵墓建造都十分重视，陵墓建筑得到全面发展，逐步形成完善的规制，并且自汉起，帝王墓被专称为"陵"。汉高皇后六年（前182），长陵城修筑，这是陵邑建造的开始。长陵是汉第一座帝陵，长陵修陵

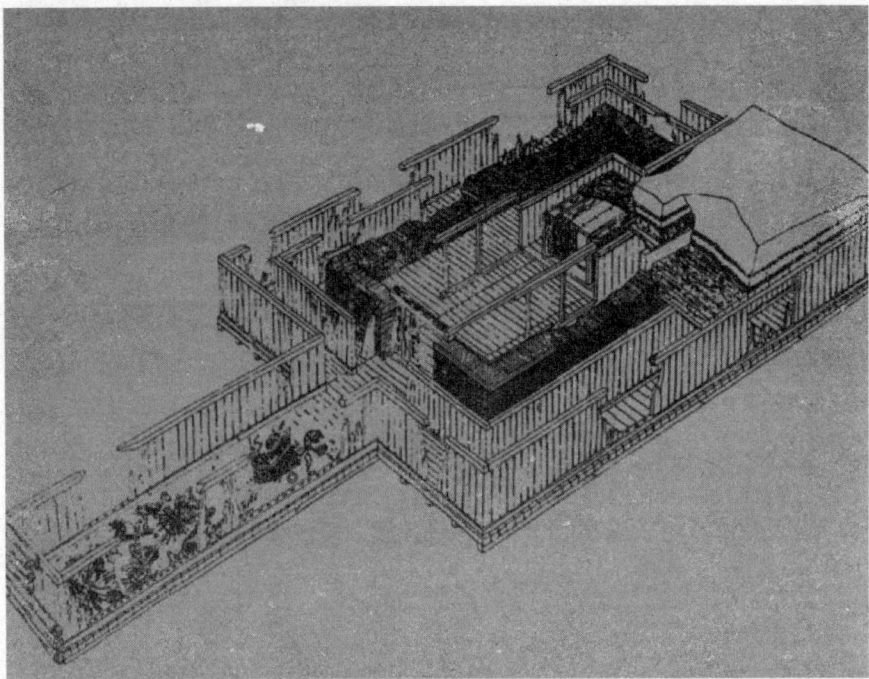

北京大葆台一号汉墓墓室结构示意图

144

黄肠题凑墓。西汉广阳顷王刘建墓。位于北京丰台区郭公庄。黄肠题凑是封建帝王和诸侯王死后所享用的一种葬制。以黄柏木叠成墙，称为黄肠。柏木端头皆向内，叫题凑。

邑可见当时的帝陵规制已十分完善。

　　西汉皇帝都是自登基次年就开始营建寿陵。汉袭秦制，封土为方形平顶陵台，俗称"方上"，高达 12 丈，四周建土城，四面城墙正中开阙门，占地 7 顷，陵体高大，四方对称。地宫的地塘在方上之下，称"方中"，深 13 丈，是四出羡道土坑式木椁墓，被视为墓葬中最高等的形式。墓上覆盖高大的封土。在帝陵的西面建有后陵和陵园，还有婕妤及贵戚功臣的陪葬墓等，有的在陵园附近还建有宗庙和陵邑，形成庞大的帝陵建筑群。

　　在陵旁建宗庙的陵寝制度是仿效君主生前居所前有"朝"、后有"寝"而设立的，死后建庙像"朝"，藏神主；后建"寝"，藏衣冠及生前用具。秦始皇开始在墓侧建寝，西汉时庙建在陵园外，寝建在陵园内，所以陵园也称寝园，或将陵园与寝合称"陵寝"。东汉后，确立了以朝拜祭祀为主要内容的陵寝制度，同时废止为每一个祖先建立一庙的制度，把历代神主汇集到一个祖庙中。

陵邑一般修于陵东或北部，仿照长安城的布局设计。它的作用一是供奉陵园；二是迁徙关东大族、功臣家族、高资富人、豪杰兼并之家，强干弱枝，繁荣京畿地区的经济和文化。由于陵邑本身的特殊政治地位，加上中央对迁徙者赐田赠钱，各地官吏豪富争相迁居陵邑，形成一个政治、经济和文化素质都相当突出的地区。两汉时许多著名的政治家、文人、富豪都是出于陵邑。

西汉时帝陵虽已定制，每年全国赋税的1/3用于修陵，但因为各个皇帝在位时间长短不一，帝陵的大小也有不同。西汉最大的帝陵首推武帝的茂陵。茂陵方上为平顶方形陵台，上底边长东西39.5米，南北35.5米，下底边长东西231米，南北234米，高46.5米。茂陵屹立在关东平原上，更显高大端庄。四周有李夫人墓和卫青、霍去病等人的陪葬冢。西汉帝陵中最节俭的是文帝的霸陵，它凿山为室，不起封土，开创了固山为陵的先例。

东汉以后，提倡薄葬，帝陵的规模较以前缩小，陵体一般不及西汉帝陵的一半。四周不设垣墙，用"行马"代替，四面正中开阙门，称"司马门"，南司马门内，陵前设有祭台、石殿；门外神道两侧布置石人和石兽。有文献记载，在陵侧还建有圆寺、吏舍、寝殿和便殿等。现存东汉帝陵中，规模最大的是光武帝的原陵，陵体呈圆锥状，高20米，周长约500米，外绕方形垣墙，各面正中有门。汉代帝陵已形成以陵体为中心的平面布局形式，正南还接有简短的神道，使总体平面有了新发展。

汉代墓室早期多以土坑木椁为主，之后坚固耐久的砖石墓室逐渐代替了木椁墓。东汉时，为求陵墓安固久远，地上地下建筑材料大量采用砖石，使砖石结构的陵墓建筑得到发展。地下砖石墓室，前期多是简单的长方形平面，到后期，平面由前室、中室和后室三部分组成。有的还在前后左右设多个耳室，墓室增多，轮廓结构更为复杂多样。墓室顶部构造有板梁式、斜撑板、多边拱、筒形拱、叠涩覆斗藻井或穹隆顶等形式。砖石墓室又因装饰材料不同，有"画像砖墓"、"画像石墓"和"壁画墓"之分，这些雕刻和壁画，题材广泛，技法多变，数量浩大，反映了当时的社会生活及雕刻、绘画的水平，成为研究汉代历史的重要资料。

　　汉代陵墓地面建筑开始出现石像。据文献记载，人臣墓前有石羊、石虎、石人、石柱等，帝王陵前侧有石麒麟、石辟邪、石象、石马等，都是仿照死者生前的威仪而设。西汉名将霍去病墓冢的石雕群，是模拟他长年转战的祁连山而建，石雕种类繁多，造型古朴，技法简炼，是西汉石雕中的精品。霍墓是中国陵墓建筑中首例出现石雕群的，有关帝王陵石雕的记载，仍未有完整实例。东汉以后，石雕和石建筑已广泛应用在陵墓建筑上，不少实物还遗留至今。

　　西汉帝陵，有9座建在长安城西北方、渭水北岸的平原上，只有文帝的"霸陵"和宣帝的"杜陵"在长安的东南郊。东汉帝陵除光武帝的"原陵"多认为在洛阳北面的孟津外，其他陵的位置尚难确定，估计大多在洛阳西、北的邙山上。此成为汉代帝陵规制日渐完善的物证。

# 风筝出现

　　关于风筝的起源，人们有不同的说法。有人认为古人发明风筝是受了飞鸟的启发。中国春秋战国时期鲁班或墨子模仿飞鸟而制造的木鸢和木鹊就是风筝的雏形；有人认为风筝是人们看到树叶飘飞或旗幡、帆在空中飘扬受到启发而发明的。还有人认为风筝是起源于封建迷信需要，古人相信断了线的风筝能带走个人的不幸和晦气。

　　风筝的发明已有2000多年的历史了，它出现在秦汉之间。古代传说，风筝的发明者是楚汉相争时的韩信。唐朝赵昕的《息灯鹞文》说垓下之战时，韩信制成风筝，叫张良坐风筝上天，高唱楚歌，楚歌传到楚营，动摇了项羽军心。宋朝的《事物纪原》记载有韩信曾利用风筝测量距离之事。在2000多年以前，中国早已使用丝绸、麻布、竹子等，而这些是制造风筝的原料，所以风筝在此时出现是可信的，并且韩信出于军事需要考虑而发明风筝也是可能的。

　　从汉以后，一直到唐，风筝一直用于军事方面。《事物纪原》记载了南北朝时羊侃利用风筝送出诏书、搬兵救驾之事。欧阳修的《新唐书·田悦传》记载，唐德宗时，临洺守将张伾利用风筝传信，飞达百余丈高，宋朝司马光的《资治通鉴·陈纪一》记载，北齐天保十年（559）有人乘风筝飞翔。由此可见，风筝已有了很大的发展。

唐朝以后，风筝才从军用逐渐转到游戏、娱乐。起初是帝王、富豪大户人家才能玩风筝，到北宋之后，风筝才在民间流行，逐渐演变为玩具。造纸术的发展为风筝的普及创造了条件。一般认为，纸糊风筝是五代时的李业创造的。在以后的岁月中，风筝的样式不断翻新、增多。技艺更加成熟了。

中国风筝给了人们很多飞行的启迪，对后来飞机的发明有重要的启发作用，中国古代火箭和风筝被世界公认为最古老的飞行器。

## 嫁接技术发源

变异，培育新品种，突破自然季节的限制，随时移栽定植，是我国古代农业生产技术发展的重大成就之一。

到了西汉时期，在《氾胜之书》中非常详细地记载了嫁接的方法，如种瓜，当十株苗的蔓长到2尺多以后才嫁接，这时各株根部都已相当发展。嫁接后，只留最强的一蔓，它必然特别旺盛。再加上掐掉分枝，以免消耗养分，使养分集中3个果实，自然可以结出特别大的大瓠。

以后嫁接技术继续发展到不同植物之间的嫁接。北魏时由草木植物嫁接发展到木本，由靠接发展到劈接；由近缘嫁接发展到远缘嫁接；由纯粹为了结大果实发展到选择接穗和砧木；使植物提早结果实和改良品质。《齐民要术》中对梨树嫁接经验进行了很好的总结，认为只有选用适宜的砧木和接穗，才能提高嫁接的成活率，改进果实品质；并提出适时嫁接是提高成活率的重要环节之一，指出嫁接最好在"梨叶微动"时进行，这时树液开始流动，进行嫁接容易成活。而且还特别强调嫁接时一定要"木边旧木，皮还近皮"，即接穗和砧木时使木质部靠近木质部，韧皮部靠近韧皮部，使形成层密结合，提高成活率。可见当时的嫁接术已达很高的水平。这种成功的嫁接技术后来又推广应用到各种果树、植物、花卉中。

西汉博弈老叟。这组木雕博弈俑，用简洁概括的体面刻划出人物的动态，并施黑、白、灰三色的彩绘纹饰，构成富有变化的素淡色调，加强了木雕的立体感。

今天我国推广的各种优良品种，绝大部分仍是用我们祖先创造的常规育种方法和嫁接技术培育出来的。而欧洲的无性杂交嫁接技术直到 2000 年后才出现。

西汉铜马。民间流行的一种玩具，从一个侧面反映了汉代生活方式的丰富多彩。

# 各派方术流行

道家修炼方术在战国时出现，其中有行气、房中术和服食等流派，至汉代已十分流行。

行气（包括导引），亦称服气、食气、炼气。是一种以呼吸吐纳为主，辅以导引、按摩的养生内修方法。《庄子·刻意》云："吹呴呼吸，吐故纳新。熊经鸟伸，为寿而已矣。"吹呴呼吸、吐故纳新指行气；熊经鸟伸指导引。道教修炼，重视气对人体的作用，认为自天地至于万物，无不须气以生。世传行气方法甚多，仅据后世《云笈七签》记载，诸家气法有数十种。具体程式不一，原则大致相同。要求行气时，凝神净虑，专气致柔，呼吸吐纳，做

西汉鼠吃葡萄。随葬工艺品。鼠竖耳圆目，尖喙有须，口衔饵状物，长尾平举体后，形态惟妙惟肖。

到轻、缓、匀、长、深。轻，呼吸轻细；缓，进出气舒缓；匀，呼吸节拍有致，不时粗时细；长，呼吸之间隔时间长，引气入鼻中而闭之，阴以心数数，30～50乃至120，方徐徐吐之；深，闭气时使气渗进腑肺百脉，渗透组织深部。据称炼气既久，可达到鼻无出入之气的最佳境界，犹婴儿在母胎中，名曰"胎息"。行气又辅以导引与按摩。导引，即以力引动肢体，作俯仰屈伸运动，"导气令和，引体令柔"。按摩，即以摩、捏、推、揉等手法作用于人体之经络穴位，以求筋肉舒展，血脉流通，使行气更见成效。

房中术，亦称男女合气之术，或黄赤之道。原为讲求房中节欲，"还精补脑"的修炼方法。道教认为，男女交合，是阴阳和合之常，"阴阳不交，则坐致壅阏之病"，无益人寿；但恣情纵欲，必损人寿命，乃至速死。故一要讲求交合方法；二要注意房中节欲；三要实行房中禁忌，如醉饱、劳累、喜怒、忧惧过甚，以及大寒大暑大风大雨之时，皆不宜于房事。认为实行此术，可以延年益寿，乃至长生不死。

服食，指服食药物（丹药和草木药）以求长生。道教修真炼养方法，有内修和外养两类，服食药物属外养。最初为服食"仙药"。《韩非子·说林上》载有方士向荆王献不死之药的传说。战国齐威王、燕昭王以及秦始皇等曾先后派人去海上仙山搜求。后又有造人造仙丹之外丹术产生。当时除服食人造仙药外，某些草木药如芝、菌、术等，仍作为仙药服食。道教承袭服食术，所服药物即为丹药和草木药两种。某些服食药方，丰富了古代的医药学。